U0088210

八面玲瓏
不夠用
真要懂的
人際交往
心理學
It's All About
Human
Relations
CONTACT
PSYCHOLOGY

永續圖書線上購物網　讀品文化事業有限公司

www.foreverbooks.com.tw　yungjiuh@ms45.hinet.net

思想系列 64

八面玲瓏不夠用：真要懂的人際交往心理學

編　　著　顏之勤
出 版 者　讀品文化事業有限公司
執行編輯　廖美秀
美術編輯　蕭佩玲
內文排版　王國卿

總 經 銷　永續圖書有限公司
TEL ／(02)86473663
FAX ／(02)86473660
劃撥帳號　18669219
地　　址　22103 新北市汐止區大同路三段 194 號 9 樓之 1
TEL ／(02)86473663
FAX ／(02)86473660
出 版 日　2015 年 9 月

法律顧問　方圓法律事務所　涂成樞律師
CVS 代理　美璟文化有限公司
TEL ／(02)27239968
FAX ／(02)27239668

國家圖書館出版品預行編目資料

八面玲瓏不夠用：真要懂的人際交往心理學／
顏之勤編著.--初版. --新北市 ： 讀品文化, 民 104.9
面； 公分. -- （思想系列：64）
ISBN 978-986-453-008-3 (平裝)
1. 應用心理學　2. 人際關係　3. 成功法
177　104015058

1 看透他人內心的識謊心理學

2 擺正心態化解僵局的應急心理學

CONTENTS

3 從性格入手，掌控難纏人士的擺脫心理學

目錄

4 善用心計順利達到目的的駕馭心理學

CONTENTS

目錄

6 讓他人放鬆戒備的親和心理學

7 玩轉馭人之術，讓他人主動幫忙的引誘心理學

CHAPTER

1

看透他人內心的識謊心理學

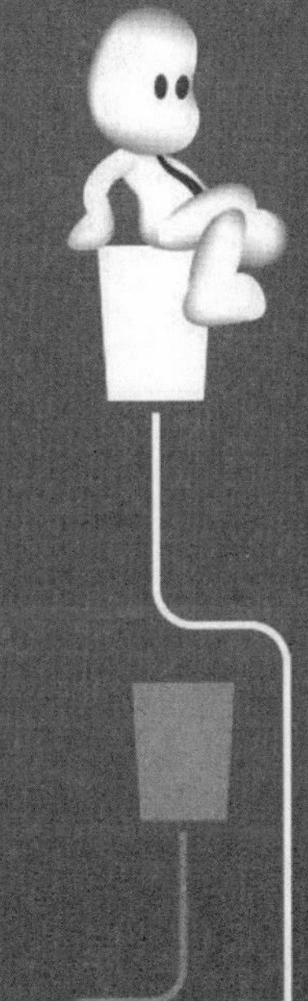

掀起他的虛榮心，將計就計辦成事

如果你求人辦事時對別人撒謊，當然是不好的事，如果你直接向對方挑明你的目的，更有可能會碰一鼻子灰。尤其是當你面對的是充滿心機並有高智商的人時，如果不精心設計，說點小謊你就可能不會成功。

已故的哈伯博士原來是芝加哥大學的校長，也就是他那個時代最好的一位大學校長，他曾為學校籌募了數量龐大的基金。洛克菲勒捐款百萬美元以支持芝加哥大學就是由他籌資的。

一次，哈伯博士需要一百萬美元來興建一座新的建築。他拿了一份芝加哥百萬富翁的名單，研究可以向什麼人籌募這筆捐款。哈伯博士選了其中兩個人，

他們都是千萬富翁，而且是生意場上的死對頭。

其中一位當時是芝加哥市區電車公司的總裁。哈伯博士選了一天的中午時分——這時候，辦公室的人員都已外出用餐了——他悠閒地走入總裁辦公室。

因為哈伯博士知道如果透過正常方式向這位總裁發出請求並約定見面的時間，這期間一定會浪費很多時間，並使這位總裁有時間準備充分的理由來拒絕這個讓他花錢的請求。而現在對方對於他的突然出現，卻大吃一驚。

哈伯博士自我介紹說：「我叫哈伯，是芝加哥大學的校長。請原諒我自己闖了進來，外面辦公室沒有人，我只好自己決定，走了進來。」

做完簡短的自我介紹後，哈伯博士繼續說：「我曾多次想到你，以及你們的市區電車公司。你已經建立了一套很好的電車系統，賺了很多錢。但是，每一想到你，我總是要想到，總有一天你就要進入那個不可知的世界。在你走後，你並未在這個世界上留下任何紀念物，因為其他人將接管你的金錢，而金錢一旦易手，很快就會被人忘記它原來的主人是誰，每當想到這裡，我都不禁會為你惋惜。

「我常想到提供你一個讓你的姓名永垂不朽的機會。我可以允許你在芝加哥大學興建一所新的大樓，以你的姓名命名。我本來早就想給你這個機會，但是，學校董事會的一名董事卻希望把這份榮譽留給ＸＸ先生（電車公司老闆的敵人）。不過，我個人在私底下一向欣賞你，而且我現在還是支持你，如果你能允許我這樣做，我將去說服校董事會的反對人士，讓他們也來支持你。

「今天我並不是來要求你做出決定，只不過是我剛好經過這兒，想順便進來坐一下，和你見見面，談一談。

你可以考慮一下，如果你希望和我再談談這件事，麻煩你有空時撥個電話給我。再見，先生，我很高興能有這個機會和你聊一聊。」

說完這些，他把自己的名片放到總裁的辦公桌上並低頭致意，然後退了出去，不給這位電車公司的老闆表示意見的機會。

事實上，這位電車公司老闆根本沒有任何機會說話，都是哈伯先生在說話，這也是他事先計劃的。他進入對方的辦公室只是為了埋下種子，他相信，只要時間來到，這顆種子就會發芽，成長壯大。

果然，正如他所預想的那樣，他剛回到辦公室，電話鈴就響了，是電車公司老闆打來的電話。他要求和哈伯博士定個約會，具體談談這件事情。第二天早上，兩人在哈伯博士的辦公室見了面，一個小時後，一張一百萬美元的支票就交到哈伯博士的手上了。

為了清楚地展現哈伯先生的說服別人的高明之處。我們不妨再來做這樣的假設，他在和那家電車公司老闆見面後，開頭就實話實說：「芝加哥大學急需基金來建造大樓，我特地前來請求你協助。你已經賺了不少錢，你應該對這個使你賺大錢的社會盡一份力量才對（也許，這種說法是正確的）。如果你願意捐一百萬美元給我們，我們將把你的姓名刻在我們所要興建的新大樓上。」如果真是這樣，結果會如何呢？

顯然，沒有充分的動機足以吸引這位電車公司老闆的興趣。這句話也許說得很對，但他可能不願承認這一事實，那麼，很大的可能都會遭到拒絕。

哈伯博士的高明之處就在於：

第一，利用合適的時間。午休時，辦公室的人員都不在，省去了不必要的過程，而那位總裁的精神狀態也處於放鬆階段。

第二，合理的理由。讓這位成功的總裁永垂不朽，準確地抓住了總裁的心理需求。

第三，巧妙的方法。他以特殊的方式提出說詞，而製造出機會。他使這位電車公司老闆處於防守的地位（似乎是哈伯在幫他的忙，而不是有求於他）。

他告訴這位老闆說，他（哈伯博士）不敢肯定一定能說服董事會接受這位老闆想使他的姓名出現在新大樓的慾望，因為，他在那位老闆腦中灌輸了這個念頭：如果他不予捐款的話，他的對手及競爭者可能就要獲得這項榮譽了，由此激起了那位老闆好勝的虛榮心，以至不捐款反而不痛快了。

每個人都有或多或少的虛榮心，將計就計的來滿足對方可以更容易達到你的目的。所以你應該記住：必要時得耍一點小詐，善意的謊言更能讓人成功。

別人的「危言」，可以聽但不能「聳聽」

挑撥離間的小人總是能夠抓住讓人恐慌的話題，他們之所以能夠得逞，就是因為我們失去了判斷能力。所謂的「危言聳聽」，其根本原因就在於此。

一隻老鷹飛到一棵大橡樹上築起了巢，將家安在樹枝上。一隻貓在這棵樹的樹幹上找到一個樹洞，稍加整理後也在那裡安家，並且生下了小貓。母野豬不會爬樹，但是在樹底下找到一個洞，於是帶著小豬住在樹根的洞裡。剛開始時，三家互不侵犯，相安無事。

後來，貓想獨佔這塊地方，把老鷹和野豬都趕走。縝密計劃後，貓便實行牠的詭計。牠先爬到老鷹巢邊，哭喪著臉說：「哎！你們真不幸啊！不久你們的家將要被毀滅，甚至連命也會丟了，而我們也很危險。你往下看看，樹下的野豬天天挖土，想把這棵樹連根拔掉。樹一倒下，牠就可以輕而易舉地把我們的孩子抓去，餵給牠的孩子吃。樹下的洞越來越大，我們該怎麼辦啊？」聽了貓的哭訴，老鷹嚇得心驚膽戰，驚惶失措，絞盡腦汁想辦法躲避危機。

貓見自己的話起到了作用，心裡暗自偷笑，牠來到野豬洞裡說：「野豬媽媽，妳怎麼還這麼安心地住著啊？危險來了妳還不知道！妳的孩子們非常危險，只要妳出去為小豬找食物，樹上的老鷹就會把牠們叼走。妳沒見老鷹天天站在樹上盯著妳等候時機嗎？妳可千萬別大意啊！」野豬連連感激貓的提醒，心裡也非常害怕。

貓狠狠地嚇唬了老鷹和野豬後，假裝自己也很害怕，躲進了牠的樹洞，以此來迷惑老鷹和野豬。到了晚上，牠卻偷偷地跑出去為自己和孩子尋找食物。白天，牠仍裝出一副恐懼的樣子，整天躲在洞口守望著。

於是，老鷹害怕野豬把樹挖倒，傷到自己的孩子，於是每天她都坐在枝頭，不敢亂走；野豬也害怕老鷹趁自己不在叼走小野豬，每天都不敢走出洞來，在家保護孩子。

過了不久，老鷹和野豬以及牠們的孩子都餓死了。貓便把老鷹和野豬作為自己和孩子的食物了。

在上面的故事中，貓是一個兩面三刀、挑撥離間的惡人，為了獨佔大樹，牠挑撥了老鷹和野豬的關係，引起了牠們的心裡恐慌。老鷹和野豬不經過證實便相信了貓的話，為了躲避不存在的危機連命都賠上了，讓貓的詭計得逞。壞人無端的「提醒」其實是迷惑你的煙霧，你不能保持心裡的鎮定，不經過思考，便會成為壞人漁利的工具。

與人交往之初，在沒有利益紛爭的時候，都是各司其職，相安無事。一旦出現競爭，涉及利益衝突的時候，人的本性便開始顯露出來。有的人為了在競爭中佔據有利地位，或者妄圖獨霸利益，就絞盡腦汁挑撥離間，設計陷阱，讓別人都得你死我活，自己卻坐享其成。這樣的人用心極其險惡，他們總是給別人製造恐慌，唯恐天下不亂。對於這樣的人，絕對不能被他們唬住，自己要具備辨別真偽的能力，不要因為別人的三言兩語便提心吊膽，誠惶誠恐。世界沒有那麼多紛爭，真正亂的是我們的內心。

在現實中，像貓這樣的人不在少數，有利益衝突必然會讓人的邪惡滋生，我們可以保持自己心靈的純潔，但不能阻止別人變壞。身處競爭的環境，不能用「相安無事」欺騙自己，當發現別人有挑撥離間的端倪的時候，要避而遠之。凡事經過深思熟慮，面對別人故意放出的「危言」，要三思而後行，切忌頭腦簡單，貿然「聳聽」。

利用心虛策略，悄無聲息辨別謊言

說謊者在說謊時往往有心虛的感覺。有時候，說謊的人只有一點點罪惡感；有時候，罪惡感會很強烈，以致漏洞百出，使對方很容易揭穿謊言。十分強烈的罪惡感會使說謊的人痛苦難耐，會令說謊者覺得說謊很划不來，簡直是受罪。雖然承認撒謊會受到處罰，但是為了要解除這種強烈的罪惡感，說謊的人很可能會決定坦白招認。

說謊者因為這種難以消除的害怕感和心虛感，將會讓我們成功地識破謊言。

宋寧宗年間，劉宰出任泰興縣令。一次，一個大戶人家弄丟了一支金釵，四下尋找不見，告到縣上。劉宰調查後，瞭解到金釵是在家裡遺失的，當時只

有兩個僕婦在場，但誰也不承認拿了金釵。

劉宰將兩人帶到縣衙，安置在一間房子裡，也不審問。眾人都很困惑，劉宰卻像沒事人一樣，飲酒散步，與大家閒談。

到了天黑以後，劉宰拿著兩根蘆葦走進關押僕婦的房間，每人給了一根，說道：「你們好好拿著蘆葦，明天我要根據蘆葦決案，誰偷了金釵，蘆葦就會長出二寸來。」說罷關門走了。

第二天，僕婦被帶到堂上。劉宰取過蘆葦審視，果然有一根長出二寸。劉宰嘿嘿一笑，卻指著手持短蘆葦的僕婦大聲喝道：「你如何盜得主人金釵？還不從實招來！」那個僕婦戰戰兢兢，當即跪倒在地，口中喃喃道：「是我拿了金釵，大人如何知道？」

劉宰答道：「我給你們二人的蘆葦是一樣長的，你若心中沒鬼，為何要偷偷截去一節？」僕婦方知上了當。

劉宰正是因為知道撒謊的僕婦有恐懼和心虛感，才用這個測試辦法使其自我暴露，辨識出了說謊者。

我們還可以依照生理、心理學原理透過情緒緊張與否判斷是否說謊。利用情緒與生理變化的關係來識別謊言。其原理就是：那些撒了謊且擔心被識破的人，心裡會比較緊張，消化功能受到抑制，唾液分泌會減少，因而吞嚥蛋糕和吐出東西時比較困難；那些誠實的人不會覺得緊張，因而他們的消化系統不會受到抑制，唾液分泌正常，吞嚥和吐出食物都較順利。例如，英國人透過觀察嫌疑人吃麵包和乾乳酪的順利程度來判斷其是否說謊。

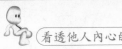

現實生活中，有很多時候，我們都希望悄無聲息地查出別人有沒有對我們說謊。如果直接去問，對方即便說了謊也不見得會承認；如果對方沒有說謊，我們又會因為錯怪而得罪對方。所以，這種情況下，最行之有效的策略就是利用上述方法，在不知不覺中測試一下對方是否心虛。當然，在這個過程中一定要表現得自然，不要讓對方知道你是在測謊。

虛設一條底線，讓謊言比真話更可信

與人相處，真誠是最重要的。但在某些時候，謊言又有著它獨特的作用。特別是在與對手交涉或談判時，為了說服對方，可以虛設一些場景，讓對方誤會我們的底線，以求得真話難以取得的效果。

一次，中國大陸某市與一家外國公司代表就建立化肥廠事宜進行接觸，幾次會議都很順利，雙方確定了利用港口優越條件的專案。後來，另一家外國公司也參加進來聯合辦化肥廠。

在第一次三方談判中，另一家外國公司的董事長出席，在聽過中外雙方已經進行的一些籌備工作介紹之後，他斷然表示：「你們前面所做的一切工作都

是沒有用的，要從頭開始！」

聽到這話，中方和先前一家外國公司的代表都感到很為難。因為，在此之前，雙方已經做了許多前置作業的工作，花費了大量的人力，財力。

但是，這位董事長有著很高的權威性，他的公司在前面那家公司的所在國擁有許多企業的大量股份，他的話沒有人敢於反駁。

但是，如果按照這位高傲的董事長的建議從頭開始的話，不僅前面的工作成果會付之東流，更重要的是會無謂的浪費更多的時間，甚至會使這個專案擱淺。

人們沉默著……

中方一位地方政府代表打破了沉默，他說：「我代表地方政府聲明：為了建立這個化肥廠，我們確定了一處接近港口、地理位置優越的一塊地作為廠址。也為了尊重我們的友誼，在其他許多合資企業向我們申請這塊土地的使用權時，我們都拒絕了。如果按照董事長今天的提議，事情將會無限期地拖延下去，那我們只好馬上把這塊土地轉給別人了。對不起，我還有別的重要的事，我宣佈退出談判，下午我等你們的消息。」

說完，他拎起皮包就走出了談判廳，躲到別的辦公室看報紙去了。半小時以後，中方一位代表跑來報告好消息：「董事長說了，快請你回去。他們強烈要求迅速徵用港口的場地……」接下來，談判進行得非常順利。

由於談判對手有一定聲望，當面唱反調會讓對方失面子，不利於談判，於是，中方代表用「謊言」描繪出一幅競爭激烈、時不我待的情景，對方自然就不會再堅持己見，心甘情願地做出了讓步。

這位政府官員的打破僵局，講明事實，虛設底線，使高傲的外商有危機感，不得不做出讓步。他敏銳地找到對方的底線，並且提高了自己的底線，然後用自己的行政權力來影響談判，這位官員代表政府，本意是希望促成這場談判的，但在關鍵時刻他敢於站在客戶的立場上果斷離開談判桌，可謂有勇有謀。

「大不了我們不做了。」有了這樣的心態就不會再有負擔，而沒有負擔的談判往往是效率最高的、結果最好的談判，而在充分瞭解對方利益需求的基礎上，來設訂自己的底線，往往可以達到這一效果。最終使得談判順利進行。

事情往往就是這樣，在一定條件下，謊言的力量是可以超越現實的。與其苦口婆心地解釋、訴說不起實際作用的真話，還不如虛實一條底線，用個小謊言讓對方遵從自己的意願。

誤導式問話，誘出對方真話

有這樣一則故事：法庭上正在審理一樁殺人案，犯罪嫌疑人因為女友父母不同意他們交往，而狠心的將女友一家三口人殺害。以下是法庭審理實錄：

法官：王某，把你的犯罪經過說一下。

王某：是我女朋友的父母先動手傷我，我是迫於無奈才失手殺了他們的。

法官：迫於無奈？好，既然這樣，案發現場是在你和你女朋友租住的房子是不是？

王某：是。

法官：出事之前你女朋友的父母經常到那個租屋處去看你們是不是？

王某：不是，他們從沒去過，我也不想讓他們去。

法官：不想讓他們去？為什麼？

聽到法官的這句話，王某說話突然結巴起來，但他又迅速恢復了鎮定。

王某：因為……因為他們的身體不好，我們住的地方也比較偏僻，不好找。

法官：他們去你那裡的那天，是拿著刀或者其他的兇器去的，是不是？

王某：當然不是。

法官：他們進入房間後是直奔廚房去的是不是？

王某：不是，是直奔客廳去的。

法官：即使他們是第一次到你那裡，進門後也是直奔客廳去的，但他們還是比你熟悉廚房的位置，以及裡面都有什麼東西是不是？

說到這裡，王某的臉上已經滲出了冷汗。兇殺現場就發生在王某租屋處的廚房裡，兇器是砧板上的菜刀。之前，王某一直被法官的問話問的不知所以然，沒想到對方是想問廚房的事情。

王某：法官，我認罪，我熟悉廚房的路，我知道菜刀放在那裡，是我先動的手，我後悔啊……

面對犯罪嫌疑人，想知道他們真實的作案動機並不是件容易的事。故事中的王某就是這樣的人。最開始，他歪曲事實，說是對方先動手，自己是被迫反擊的。試想一下，如果法官直來直去的問：「你為什麼撒謊，為什麼不說實話？」王某還是會隱藏下去。這樣質疑對他沒有任何作用。但法官的誤導性問話卻問出了對方的真話。

法官故意歪曲事實，反著問話。從女友父母是不是經常去他所住的租屋處，到雙方誰更熟悉廚房的位置以及裡面的擺設，都問得很詳細。王某之前已經說了，女友父母從沒去過自己的租屋處，既然從沒去過，對裡面的動線擺設肯定非常不熟悉。這種回應，一定程度上證明了在雙方發生衝突的時候，王某比對方具備更有利的行兇條件。所以，當法官最後問到女方父母即使是第一次去也能很快的找到廚房時，王某的汗已經流下來：他狡辯不下去了。

其實，法官這種心理誘導術我們可以應用於很多領域。例如，當你面試應徵者的時候，他若是個不想說出真心話的人，就會想盡辦法掩飾自己，以蒙混過關。那麼，你為了看清這類人，就要學著像法官那樣，透過誤導性問話誘出對方的真實想法，以達到面試的最終目的。

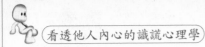

面對狡辯的對手時，心理誤導式問話法最容易誘出他的真心話。

製造「機會」，讓說謊者自露破綻

一般來說，謊言主要有兩種，一種是掩飾和隱藏，另一種是編造和篡改；前者不容易被識破，而後者卻很容易露出破綻。因為編造和篡改的情節都是無中生有的，並非是說謊者親身經歷的，所以不會留下深刻的印象。那麼，當說謊者不斷重複謊言時，難免會出現自相矛盾的地方，只要我們留心觀察和分析，就很容易識破謊言。

唐朝初年，李靖擔任岐州刺史時，有人向當朝者告他謀反。唐高祖李淵派了一個御史前往調查此事。

御史是李靖的故交，深知李靖的為人，他心裡很清楚李靖是遭到了奸人的

誣陷，因此便想辦法要救李靖，替李靖洗清不白之冤。於是便向皇帝請旨，請告密者共同前去查辦此案。皇帝准奏，告密者也高興地答應下來。途中，御史假說檢舉信遺失了，以觀察告密者以後的動作反應。

御史佯裝害怕的樣子，不停地向陪伴的告密者說：「這可如何是好！身負皇上之托，職責所在，卻遺失重要證據，我可真的難辭其咎了！」說著，御史便發起怒來，鞭打隨從的典吏官。他的舉動使告密者確信檢舉信已遺失。

御史無奈地向告密者請求：「事已至此，只好請您重寫一份了。否則，不僅我要擔負不能辦成查訪之任的罪責，您的檢舉得不到查證，就沒辦法讓皇上論功行賞了？」

那人一想沒錯，趕緊去重寫。根據想像，又憑空捏造出一份來。

御史接到信件，拿出原信一比較，只見大有出入：除了告李靖密謀造反的罪名一樣，而所舉證據都換了模樣，細節更是大相徑庭，時間、人物都難以對上號，一望即知是胡編亂造的誣告信。

御史笑笑，立刻下令把告密者關押起來。隨後拿著兩封檢舉信趕回京城，向唐高祖稟告原委。唐高祖大為震怒，竟然有人敢誣陷大唐的開國元勳，一氣之下殺掉了誣告人。

上述整件事情的峰迴路轉，完全都要歸功於御史巧妙地引出說謊者前後不一的證據，成功地揭穿了誣告謊言，懲治了撒謊者。

事實上，用這種方法破除謊言十分有效，不只是因為臨時遺忘而編造另外的謊言能使人抓住自相矛盾的地方，即使有很充裕的時間來準備，說謊的人很謹慎地編造了台詞，但假如他不夠機靈的話，他也無法預期對方反問的所有問題，仔細想好所有的答案；而且，就算說謊的人很機警，當時的情況也會引出突發事件，本來說詞是可以騙到別人的，但是一旦發生這種突然的改變，就會令說詞出現漏洞。

記住了嗎

我們要為說謊者創造適合他的「機會」讓他的謊言露出破綻。

推理有術，抽掉謊言的支柱

說謊者往往利用一個道具或論據來支撐起整個騙局，此時我們只要不被他表面的言語所迷惑，認真思考、冷靜分析和判斷，就能洞察他們的謊言。

燕王有收藏各種精巧玩物的嗜好。有時他為了追求一件新奇的東西，甚至不惜揮霍重金。也因此「燕王好珍玩」的名聲不脛而走。

有一天，一個衛國人到燕都求見燕王。他見到燕王後說：「我聽說君王喜愛珍玩，所以特來為您獻上棘刺尖上刻的獼猴。」燕王一聽非常高興。雖然王宮內有數不盡的稀世珍寶，可是從來還沒有聽說過棘刺上可以刻獼猴。因此，燕王當即賞賜那個衛國人。

隨後，燕王對那衛人說：「我想馬上看一看你在棘刺上刻的獼猴。」那衛人說：「棘刺上的獼猴不是一件凡物，有誠心的人才能看得見。如果君王在半年內不近女色，戒酒戒肉，並且要在一個雨過日出的天氣，搶在陰晴轉換的那一瞬間才能看到那棘刺上的獼猴。」

為了能看到棘刺上刻的獼猴，燕王只好拿俸祿先養著那個衛人，等待有了機會再看。

有個鐵匠聽說了這件事以後，覺得其中有詐，於是去給燕王出了一個主意。匠人對燕王說：「在竹、木上雕刻東西，需要有鋒利的刻刀。被雕刻的物體一定要容得下刻刀的鋒刃。我是一個打製刀斧的匠人，據我所知，棘刺的頂尖與一個技藝精湛的匠人精心製作的刻刀鋒刃相比，其銳利程式有過之而無不及。既然棘刺的頂尖連刻刀的鋒刃都容不下，那怎樣進行雕刻呢？如果那衛人真有鬼斧神工，必定有一把絕妙的刻刀。君王用不著等上半年，只要現在看一下他的刻刀，立即就可知道用這把刀能否刻出比針尖還小的獼猴。」燕王一聽，拍手說道：「這主意甚好！」

燕王把那衛人招來問道：「你在棘刺上刻猴用的是什麼工具？」

衛人說：「用的是刻刀。」

燕王說：「我一時看不到你刻的小猴，想先看一看你的刻刀。」

衛人說：「請君王稍等一下，我到住處取來便是。」

燕王和在場的人等了約一個時辰，還不見那衛人回來。燕王派侍者去找。

侍者回來後說道：「那人已不知去向了。」

故事中，儘管騙子很懂得心理學，又很會演戲，巧舌如簧，偽裝得幾乎滴水不漏，鐵匠還是用推理的方法揭穿了騙子所設的騙局。

你記住了嗎

只要注意觀察，細加分析，就會發現他的漏洞，這時只要點出說謊者的破綻，抽掉謊言賴以成立的支撐點，即可讓謊言無處遁身。

釜底抽薪，從根本上瓦解謊言

說謊者編造的謊言必定是虛假的，透過論證對方論據的虛假，可以識破對方的謊言。

從事實的邏輯關係來說，論點來自論據，論據孕育論點。論據真實，則論點正確；論據虛假，則論點謬誤。所以，駁倒了論據，有如釜底抽薪，刨根倒樹，是從根本上揭穿了對方的謊言。

運用釜底抽薪揭穿謊言的技巧在於緊扣論據與論點之間辯證統一的邏輯關係。多問幾個問題，分析一下論據之間是否有相互矛盾的地方。

美國第十六任總統亞伯拉罕·林肯年輕時是一位律師，一次，他得悉朋友的兒子小阿姆斯壯被控為謀財害命，已初步判定有罪。林肯以被告律師的資格，到法院查閱了全部案卷，知道全案的關鍵在於原告方面的一位證人福爾遜。福爾遜發誓說在十月十八日晚上十一點，清楚地看到小阿姆斯壯用槍擊斃了死者。

對此，林肯在經過了全面瞭解和周密分析後，要求複審。複審中，有以下一段對話：

林肯問證人：「你發誓說看清了小阿姆斯壯？」

福爾遜：「是的。」

林肯：「你在草堆後，小阿姆斯壯在大樹下，兩處相距二三十米，你確定你能看得很清楚嗎？」

福爾遜：「看得很清楚，因為月光很亮。」

林肯：「你肯定不是從衣著方面看清他的嗎？」

福爾遜：「不是的，我肯定看清了他的臉。」

林肯：「你能肯定時間是在十一點嗎？」

福爾遜：「充分肯定，因為我回屋看了鐘，那時是十一點十五分。」

林肯問到這就轉過身來，對法官和旁聽者說：「我不能不告訴大家，這個證人是一個徹頭徹尾的騙子。他一口咬定十月十八日晚上十一點在月光下看清了被告的臉。請大家想想，十月十八日那天是上弦月，晚上十一點漆黑一片，哪裡還有月光？換句話說，也許他時間記得不十分精確，時間稍有提前。但那時，月光是從西往東照，草堆在東，大樹在西，如果被告的臉面對草堆，臉上是不可能有月光的！」

大家先是一陣沉默，緊接著掌聲、歡呼聲一起迸發出來。福爾遜傻了眼。在這裡，林肯運用了釜底抽薪的反駁技巧抓住細節、步步為營，終於戳穿了福爾遜的謊言，澄清了事實，還小阿姆斯壯一個清白。

釜底抽薪是一招很有效的破謊技巧，透過全面、詳細地瞭解情況，分析情況，找出謊言的破綻予以致命的還擊，用確鑿的事實來反駁對方。這樣，對方精心構築的言論布局就會因基礎瓦解而全面崩盤。

將計就計，順勢破謊解危

如果把謊言也看成是具有危害性的力量，當它們向我們施展它的危害和威力時，我們同樣可以借用武術中借力打人的技巧化害為利，使對方的謊言成為制伏對方的絕妙手段。甚至，使自己轉敗為勝、轉危為安，變被動為主動。

這種辦法在戰爭和其他一些存在著激烈競爭的場合被頻繁地使用，人們把它叫做「將計就計」。

魏文侯時，西門豹為鄴令，初到轄地，免不得各處走訪。在訪問年長者的時候得知這裡每年為河伯娶妻給老百姓帶來的苦難。河伯是漳河的神，地方上管事的人串通巫婆，每年藉著給河伯辦喜事以減少水患的名義，強迫老百姓出錢。他們每年從老百姓身上搜刮數百萬錢，為河伯娶妻僅用二三十萬，其餘的就坐地分贓。

光撈錢也還罷了，他們還以為河伯娶妻的名義殘害少女。誰家的閨女年輕、漂亮，巫婆就帶著人到哪家去選，有錢的人花點錢也就過去了，沒錢的可就遭殃了。他們在河上紮起齋宮，佈置舉行儀式的大場地，將捉來嫁給河伯為妻的少女放入河裡的齋宮。選好一個日子，就將載著少女的齋宮放入河水中漂走了，行數十里而滅，顯然少女難免溺水而死。老百姓也習慣了這一套，以為真的有什麼河伯，年年藉此看熱鬧。所以，好多有閨女的人家都跑到外地去了，這裡的人口越來越少，地方也越來越窮。

西門豹得知了這一情況，便有了主意，說等到那天也去送河伯的新娘子。

河伯娶妻那一天，各種人物都來了，圍觀的群眾數千人。西門豹首先拿太巫開刀。那是個七十歲的老女人，帶著十個女弟子。西門豹表現得彷彿比那些人更熱心，說：「這個新娘子不太理想，請你去給河伯說說，讓他等幾天，我們再選個好的送去。」接著不由分說，讓兵卒將那個老女人扔進了水裡。

過了一會兒，他又說，怎麼去了這半天還沒回來？

再讓人去催吧。於是將太巫的女弟子扔了一個。過一會兒，就再扔一個。連扔了三個了，西門豹又說，可能去的都是女人，不會辦事。便挑了些地方管事的扔到河裡。

一連扔了好幾個了，畢竟都是怕死的傢伙，剩下的怕被扔進河裡，馬上跪下磕頭，懇求大人饒命。

眼見為惡的人自己向人們證實了那是謊言，老百姓也受到了教育，收到了預期的效果，西門豹這才說，河伯說了，他不再娶妻了。後來，他發動老百姓開鑿了十條河渠，把河水引入田裡，灌溉農作物。從此，年年豐收。

這是一個典型的「將計就計」揭穿謊言的例子。西門豹作為地方官，為了讓人們相信他也尊重他們的習俗，效仿那些迷信的人們，也一本正經地假戲真唱，作為一方父母官，他必須讓謊言不攻自破，必須讓那些以迷信愚昧老百姓的人原形畢露，才能達到根除惡習的效果。假如他事先就去做什麼破除迷信的宣傳，絕不會有人相信，老百姓也不會站到他這一邊，使自己陷入被動的局面。於是西門豹就將計就計把他們一個個除掉，是開刀問斬都難以達到的效果。

「將計就計」最關鍵的兩個環節，第一是識破對方的謊言，第二是讓對方相信自己已被他的謊言騙住了。這樣，才可能行使計謀。如果不能識破對方的謊言，抓住主動，「將計」就無從談起；如果不能使對方確信自己已經受騙，對方就會起防備之心，「就計」也無從實施。

識破對方的謊言固然需要智慧、需要機敏，但稍微具備防騙意識和警覺性的人幾乎都可以做到。難就難在如何裝出一副已受騙的模樣來，這是將計就計的關鍵。

那種大智若愚、心中有數的境界，不是輕易就能達到的，它需要更加周密的思考、精心的策劃、巧妙的掩飾與裝扮。

全面分析，識破離間計

在各類謊言中，離間計是比較陰險的圈套，是離間者（主體）在被離間者（客體）之間搬弄是非、製造矛盾，以期破壞被離間者的團結、從中獲利而製造的謊言。一旦有人對你施以離間計，你必須全面去分析去破除，否則一旦上當，後果往往很嚴重。

離間計在生活中有多種表現，如製造機會造成同事之間、上下級之間的誤會；或將誤會加以渲染，擴大他人之間的分歧；或編造謊言，製造糾紛，破壞他人團結等等。離間術的外在表現雖然花樣很多，但它的內在本質卻只有一點，那就是：抑人揚己，損人利己。我們要如何識破敵人的離間計呢？

一般來說，離間計主要有以下三個特徵：

一、目的性強

任何離間計都有其明確的目的。只有在目的的驅使下，離間的所有行為才可以表現出實際意義。離間者的目的是自我的、本位的，是建立在實際自我利益基礎之上的。有時為的是獲取個人的某種利益，有時則表現為滿足個人的某種慾望，有時也可能是為了小集團的利益。但無論如何，它都是建立於私欲、頹廢、反動之上的。離間者的目的不在離間過程本身，而在於達到離間之後的結果。

二、隱蔽性好

離間者的目的決定了行為的隱蔽性。因為伴隨著離間計的實施，離間者對被離間者的侵害行為已經開始，而這種侵害又是巧借被離間者之間的摩擦力量進行的。一旦離間成功，被離間者的利益受損則是絕對的。所以，離間者只有

使被離間者在表面上知情，而不能在根本上知底，才能達到離間的目的。因此，隱蔽性貫穿於離間活動的始終。

三、欺騙性大

離間的隱蔽性決定了離間手段的欺騙性。因為離間是一種侵害行為，且要借助客體之間的摩擦力量實施，又要做到隱蔽得「天衣無縫」，顯然採取正當的、公開的手段是不行的。所以，離間者往往會製造假象欺騙客體，使其產生錯覺、做出錯誤的判斷、形成錯誤的認識，以便使其在不知不覺中落入圈套。儘管離間計具有隱蔽、詭詐的特點，但還是可以識破的。

識破離間計，要從以下三個方面進行分析：

首先，是聯繫分析。任何離間者要想達到離間他人的目的，必然要與被離間者發生一些或明或暗的聯繫。沒有聯繫就無法借助客體之間的摩擦力量，再高明的離間計也無法得以實施。因此，誰突如其來地與你發生聯繫，誰就有可能在實施離間計。

其次，是利益分析。一般說來，離間計通常是伴隨著利益衝突而實施的，而離間者往往又是被離間者發生問題後的直接或間接受益者。因此，對人際衝突製造者的利益得失進行分析，有利於識破離間者的真面目。

再次，是反常分析。任何離間計，無論它怎樣高明絕倫，只要它付諸實施，總會留下一些反常的痕跡。因此，對反常的蹊蹺的行為進行認真分析，進而反向思維，釐清人際衝突的來龍去脈，對於破譯離間計很有幫助。

總而言之，離間計的破譯應建立在對其行為特徵的綜合分析上，既不能盲目猜疑，又不可掉以輕心。

2 擺正心態化解僵局的應急心理學

以柔克剛，正話反說逆耳忠言

人們總是認為：口才好的人總是能在交際中左右逢源，隨機應變。而語訥的人常常感到自慚形穢，認為自己不善於社交，對人際交往失去信心。其實在社交場合中，如何把話說得恰到好處才是成敗的關鍵。

俗說話「良藥苦口利於病，忠言逆耳利於行」，我們要把話得恰到好處，那麼何不用順耳的忠言、溫柔的言語來化解矛盾呢？

試想一下，公園中的草地邊豎立的牌子，有的寫著：「小草默默含羞笑，來往遊客莫打擾」、「百花迎得嘉賓來，請君切莫用手摘」，還有的則用諸如「禁止」、「罰款」等字眼。哪一種更能博得遊人的喜好，使花草得到愛護，

這是一目了然的。

不論是工作還是生活中，一個人的能力畢竟是有限的，不可能把任何事情都做到十全十美，偶爾犯一些錯誤是在所難免的，同學之間、同事之間，如果真誠地提出善意的批評，對於雙方都是有益的。對於他人的任何批評和幫助，我們要懷著誠意，虛心接受。但是，既然是批評，語言可能會尖銳一些，語氣也會嚴厲一些，忠言逆耳或者順耳，批評能否被接受，這取決於批評者說話的方式。

某老闆發現祕書寫的報告有不妥之處。他是這樣批評祕書的：「小芬，這份報告嚴格來說寫得不錯，思路清楚，重點突出，有幾處寫得很有見地，看來你下了工夫。只是有幾個地方提法不妥，有些言過其實，有的地方尚缺定量分析，麻煩你再修改一下。你的文筆不錯，過去幾次寫報告也是越修改越好，相信你這次也一定能改出一個好報告來。」

這樣說，祕書會感到老闆對自己很公正、很器重，充滿期望和信任，因而就會很賣力地把報告改好了。

人活一張臉，樹活一張皮。一個人的自尊是最寶貴也是最脆弱的。很多談話高手在批評別人時，都會選擇一種委婉的方式。聰明人總是在發現對方的不足時，想辦法找個機會私底下向他透露，而且批評也是較為含蓄的，甚至他會將批評隱藏在玩笑中，這樣便能讓對方很容易地接受建議了。

談吐有趣，在笑聲中擺脫窘境

在日常生活中，常有人由於不慎而使我們身處窘境，或是向我們提一些非分的請求，或是問一些我們不好回答或暫時不知道答案的問題。此時，我們如果直接表明「不滿意」、「不可能」或「無可奉告」、「不知道」，往往會給彼此帶來不快。如果我們想從窘境中脫身而出，不妨借用幽默的力量。

有一次，英國上院議員里德在一篇演講將近結束時，聽眾都很認真地望著他，都在傾耳聽著每一個字，但就在這時候，突然有一個人的椅子腿斷了，那個人跌倒在地上。

如果這時做演講的不是像里德這樣靈巧的人，恐怕當時的局面會對演講產生一種破壞性的影響。但是聰明的里德馬上說：「各位現在一定可以相信，我提出的理由足以壓倒別人。」就這樣，他立刻就恢復了聽眾的注意，而那個跌倒的人也在別人善意的笑聲中，找到了一個新座位。

這個故事給予我們的啟發是：恰到好處的幽默能夠使雙方都從窘境中脫身而出，里德就是依靠這一點化解了演講中的尷尬局面。

如果我們面臨不好回答的問題，而又不能以「無可奉告」進行簡單的說明，不妨找一個大家都能領悟的笑話來說，以轉移對方的焦點。

一九七二年，在美蘇最高級會談前的一次記者招待會上，有人向季辛吉提出了一個所謂的「程式性問題」：「到時，你是打算點點滴滴地宣佈呢，還是傾盆大雨地、成批地發表協定呢？」

季辛吉沉著地回答：「你們看，他要我們在傾盆大雨和點點滴滴之間任選一個，無論我們怎麼辦，都是壞透了。」他略微停頓了一下，接著，一字一板地說：「我們打算點點滴滴地發表成批聲明。」在一片輕鬆的笑聲之中，季辛吉解答了這個棘手的問題。

生活離不開人際關係上的交流，交流必然會產生融洽與對立，一旦身處窘境，面對無禮要求或做不到的事情，就像站在懸崖上，前面是深淵後面是追兵。此時婉言拒絕或擺脫便成了我們必須精通的一種說話方式，而靈活的頭腦和幽默的談吐可以讓我們突生翅膀，順利飛到高處，擺脫進退維谷的境地。

實話要巧說，壞話要好說

在生活中，人與人之間的交流是避免不了的，同時說話的雙方彼此都希望對方能對自己實話實說。但在某些特定的場合下，顧及面子、自尊，以及出於保密等需要，實話實說往往會令人尷尬、傷人自尊，因此，實話是要說的，卻應該巧說。兩個人的意見發生了分歧，如果實話「實說」直接反駁，就有可能傷了和氣。這時候就需要巧妙地表達自己的意見。

一次事故中，主管生產的副廠長老馬左手指受了傷被送往醫院治療，廠長老丁來看望時，談到廠內小吳和小齊兩個年輕人技術水準較強，但組織紀律觀念較差，想讓他們離職一事。老馬當時沒有表態，只是突然捧著手「哎喲哎喲」

大叫。

丁廠長忙問：「疼了吧？」

老馬說：「可不是，實在太疼了，乾脆把手鋸掉算了。」

老丁一聽馬上說：「老馬，你是不是疼糊塗了，怎麼手指受了傷就想把手給鋸掉呢？」

老馬說：「你說得很有道理，有時候，我們看問題，往往因注重了一方面而忽視了另一方面。老丁，我這手受了傷需要治療，那小吳和小齊……」老丁一下子聽出老馬的「弦外之音」，連忙說：「老馬，謝謝你開導我，小吳和小齊的事我知道該怎麼處理了。」

老馬用手有病需要治療比喻人有缺點需要改正，進而巧妙地把用人和治病結合起來，既沒因為直接反對老丁傷了和氣，而且又維護了團結，成功地解決了問題。

說話是一門應當用心鑽研的藝術，說實話需要語言的修飾，要巧妙的表達自己的意思，尤其是說一些「壞話」時，更要用心選擇恰當的方式。

林肯當總統期間，有人向他引薦某人為閣員，因為林肯早就瞭解到該人品行不好，所以一直沒有同意。

一次，朋友生氣地問他，怎麼到現在還沒結果。林肯說，我不喜歡他那副「長相」。

朋友一驚，道：「什麼！那你也未免太嚴厲了，『長相』是父母給的，也怨不得他呀！」

林肯說：「不，一個人超過四十歲就應該對他臉上那副『長相』負責了。」

朋友當即聽出了林肯的話中話，再也沒有說什麼。

很顯然，這裡林肯所說的「長相」和他朋友所說的「長相」，根本不是一回事。林肯巧妙地利用詞語的歧義性，道出了「這個人品行道德差，我不同意他做閣員」這句大實話，既維護了朋友的面子，又達到了自己的目的。

善於周旋，總能化干戈為玉帛

一個真正的應酬高手，不僅能夠識人，認人、通曉人際關係理論，而且還能活用這些知識，在日常生活中與人和睦相處。反之，拙於應酬，不善周旋的人，總是會遭遇尷尬。

李小姐年輕漂亮，在姑姑、阿姨的操心下，開始和男士約會。第一位男士是在政府部門工作的公務員，因為不是週末，第一次約會李小姐選在了離公司比較近的餐廳。點菜的當下，男士把菜單放在了李小姐面前，讓她點自己喜歡吃的菜，李小姐照做了。席間，他們談得很愉快，買單的時候，價格似乎高了些。但男士很爽快地把單買了，然後問了以後的聯繫方式。

第二次約會是週末下午，在茶坊坐下後，不知不覺又到了晚飯的時間，李小姐心裡想著要回請他，就提議一起吃晚飯。菜還是李小姐點，可是結帳時，李小姐還沒來得及開口，那位男士掏出皮夾把帳結了。李小姐當時還想，和他爭著買單，說不定會傷他的自尊，等以後熟了，再來買單。沒想到的是，她卻再也沒有這樣的機會了。因為兩天後，男方的介紹人拐彎抹角地說了一大堆他不適合她的理由。最後，她聽出來了，是男方看她太會花錢，太不體諒男士。

有了第一次教訓，當事人小姐遇到第二個有緣的男士時，不管去哪裡，去幹什麼，每次她都搶著買單，有時雙方幾乎到了爭執的地步。她想這樣做，別人就不會說我了吧！可是人家又不高興了，在交往了一個多月後，她收到了男士發的電子郵件，在信中說：「我知道，我的收入沒有妳高，但妳也不用這樣不給我面子，我覺得妳太主觀，和妳在一起有壓力。」

李小姐應酬的差錯出在沒摸清對方的意思，還錯誤地將舊的經驗套用到不同的人身上。應酬是人與人的交流，如果你沒有摸清對方真正的意圖，再多的表面工夫也是白費的。只有對症下藥，用正確的方法對待正確的人，才能避免在交往中以尷尬收場。

在生活中，我們常常會遇到一些性格內向、不善言辭的人，在與人應酬時，不知該如何是好，不知道該說什麼，不知道該做什麼。所以，每次應酬都像是在受罪，因而對應酬也避之猶恐不及。但是人生在世，卻又免不了要遇到各式各樣的應酬，不善於應酬的人要想在事業或是生活上獲得成功，那是非常困難的。所以，適當地學習一些應酬之道，對我們的生活及事業都是有百利而無一害的。

談生意需要應酬，相親需要應酬，跟老闆交往也需要應酬，也許有些人嫌煩了，等到跟自己的親人、朋友在一起的時候，便完全放下了心，覺得既然已經是親戚、熟人了，那還應酬個什麼呀？大家都敞開心胸，該說什麼就說什麼，該做什麼就做什麼，不用來那麼多俗套。

這樣的想法其實也是大錯特錯了。朋友關係和親屬關係也是需要你去精心維護的，誰說跟朋友吃飯、聊天、打球、逛街不是應酬呢？誰說跟親戚一起過年，過節不是應酬呢？有些人就是因為與熟人相處時很隨意，連得罪了朋友都不知道。

會應酬得會周旋，這樣才不至於把自己陷入尷尬的境地。在與人交際的過程中才能照顧他人的面子，巧妙化解他人之間的不愉快，讓我們成為一個應酬的高手。

因勢利導，錯中求勝緩解危局

俗話說：「不如意之事十有八九。」我們一生中不可能永遠都是風平浪靜，一帆風順的。環境和遭遇常有不盡如人意的時候，問題在於一個人怎樣面對逆境和不順。知道人力不能改變的時候，倒不如面對現實，隨遇而安。與其怨天尤人，徒增苦惱，還不如因勢利導，從容地適應環境，在既有的條件下，盡自己的才能和智慧去發掘樂趣。

婚宴上來賓濟濟，爭向新人祝福。一位先生說道：「走過了戀愛的季節，就步入了婚姻的漫漫旅途，感情的世界時常需要潤滑。你們現在就好比是一對舊機器……」

這話令舉座譁然。這對新人的不滿更是溢於言表，因為他們都各自有過一段婚姻，自然以為剛才之語隱含譏諷。

那位先生的本意是要將這對新人比做「新機器」，希望他們能少些摩擦，多些諒解。但話既出口，若再改正過來，反而不好。他馬上鎮定下來，略加思索，不慌不忙地補充一句：「已過磨合期。」

此言一出，舉座稱妙。這位先生繼而又深情地說道：「新郎新娘，祝願你們永遠沐浴在愛的春風裡。」

大廳內掌聲雷動，這對新人早已笑若桃花。

這位來賓的將錯就錯令人叫絕，為他自己圓了場。錯話出口，索性顧著錯處續接下去，反倒巧妙地改換了語境，使原本尷尬的失言化作了深情的祝福，同時又道出了新人情感歷程的曲折與相知的深厚，頗有些點石成金之妙。

一般來說，在社交場合，說錯了話，做錯了事，無疑應當老老實實承認，認認真真改正。但在某些特定的場合，如照此辦理會使自己陷入極為難堪的境地或者造成無法彌補的損失時，則不妨考慮一下，能否來個將錯就錯，出奇制勝，因而擺脫窘境。

你記住了嗎

生活中就不乏其例，而且有趣的是，這種「文過飾非」非但不被視為「惡德」，反倒還是善於審時度勢，權宜機變的智謀表現。

打圓場要讓雙方都滿意

在別人發生衝突爭論的時候，夾在中間的滋味是比較尷尬的。作為爭論的局外人，我們應當善於打圓場，讓衝突得到及時化解。但是在打圓場的時候，一定要注意一個問題，就是要不偏不倚，讓雙方都認為你沒有偏向某一方，都表示滿意。否則，只能是火上澆油，還不如不說。

一名中年男子在一個生意很好的麵攤等了半天才有了位置，點了一份自己常吃的麵。過了一會兒麵端了上來，男子靠近想先嘗一口湯。可能湯的味道刺激了他的呼吸道，隨著「哈啾」一聲，他的鼻涕和著麵湯噴在了對面一位顧客身上和麵碗裡。那位顧客愣了一下才反應過來，一下子站起來吼道：「你怎麼

亂打噴嚏！」

中年男子也被自己的不雅之舉嚇了一跳，賠過禮後緩過神來，對老闆說：「我告訴你不要辣椒的，你的麵裡怎麼會有辣椒味道？你賠我的麵錢，我賠人家的麵錢。」老闆問夥計。夥計也很委屈，他明明沒有放辣椒的。

結果顧客、老闆還有圍觀群眾七嘴八舌，各說各話。最後老闆覺得這樣下去不是辦法，就主動打圓場，對著廚房大手一揮，說：「算啦，再下兩碗麵，老闆免費招待，只要大家不翻臉，和氣生財就好！」

兩位顧客這才平靜下來，表示可以接受。從此他們和老闆之間成了好朋友。可見，適時的打圓場，作用可真是非同一般。

清末的陳樹屏口才極好，善解紛爭。他在江夏當知縣時，張之洞在湖北任督撫，譚繼詢任撫軍，張、譚兩人素來不和。一天，陳樹屏宴請張之洞、譚繼詢等人。當座中談到長江江面寬窄時，譚繼詢說江面寬是五里三分，張之洞卻說江面寬是七里三分。雙方爭得面紅耳赤，本來輕鬆的宴會一下子變得異常尷尬。

陳樹屏知道兩位上司是藉題發揮，故意爭鬧。為了不使宴會大煞風景，更為了不得罪兩位上司，他說：

「江面水漲就寬到七里三分，而退潮時便是五里三分。張督撫是指漲潮而言，而譚撫軍是指退潮而言，兩位大人都說得對。」

陳樹屏巧妙地將江寬分解為兩種情況，一寬一窄，讓張、譚兩人的觀點在各自的方面都顯得正確。張、譚兩人聽了下屬這麼高明的圓場話，也不好意思爭下去了。

有時候，爭執雙方的觀點明顯不一致，而且也不能「打混仗」。這時，如果你能把雙方的分歧點分解為事物的兩個方面，讓分歧在各自的觀點上都顯得正確，這必定是一個上乘的好辦法。

某學校舉辦教職員工文藝比賽，教師和員工分成兩組，根據所做的道具自行編排和表演節目，然後進行評比。表演結束後，沒等主持人發話，坐在下面的人就已經分成兩派，教師說教師的好，員工說員工的好，各不相讓。

眼看活動要陷入僵局，主持人靈機一動，對大家說：「到底哪個組能奪第一，我看應該依具體情況分析。教師組富有創意，激情四溢，應該得創作獎；員工組富有朝氣，精神飽滿，應該得表演獎。」隨後宣佈兩個組都獲得了第一名。

這位主持人心裡明白，文藝比賽的目的不在於決出勝負，而在於豐富大家的娛樂生活，加強教職員工的交流，如果為了名次而鬧翻，實在得不償失。於是，在雙方出現衝突的時候，主持人沒有參與評論孰優孰劣，而是強調雙方的特色並分別予以肯定。最後提出解決爭議的建議，問題自然就解決了。

在人與人交往的過程中，難免遇見有些場合，雙方因為彼此不同意對方的觀點而爭執不休時，作為打圓場的人就應該理解雙方的心情，找出雙方的差異並對各自的優勢都予以肯定，這在一定程度上能立即滿足雙方自我實現的心理。這時再提出建議，雙方就比較容易接受了。

冷場時主動打破沉默

一個不善於打破沉默的人，會被認為是缺少交際能力、缺乏自信的人，會被認為一個很難相處的人。在與人交往的過程中如果能主動打破沉默，就可避免尷尬，與人相處起來也會很愉快。

王建在一家公司待了三年，累積了一些經驗，想換個環境，找一家新的公司。在上網投出履歷不久，就有一家公司通知他面試。

面對面前的五個主考官，王建雖然久經戰陣，也還是手心冒汗。開始的時候他們輪番轟炸，你一言我一語，問了很多有關專業的問題和他對這個工作的認識。過了幾分鐘，其中四位主考官有事出去了，只剩下一個人提問。到後來，

這僅剩的一位主考官問題越來越少，最終沉默下來。會議室裡從一片吵鬧到寂靜，雙方都感到很不習慣。

王建看了看錶，距離面試結束還有五分鐘，如果就此沉默下去，自己這份工作肯定會被判出局。於是，他從一個被動答問者尋找主動者的感覺，抬起頭來對主考官說道：「我聽說公司剛開始的時候只是幫人家做一些仲介生意，經過老闆和員工們的努力，才幾年時間就發展成了一個擁有兩百多人的大公司。看來公司有一種非常好的企業精神。」

聽到王建打破沉默的這句話，主考官重重地點點頭說：「是啊。」原來他就是開始和老闆一起創業的六個人之一，聽到王建談起公司的企業精神，馬上來了激情，和王建很愉快地又聊了十五分鐘。臨走的時候，他對王建說：「你很不錯，等好消息吧！」

第二天王建就接到電話，他被錄取了。

不管是在面試的過程中，還是在與人正常的交往中，常會出現冷場的局面。冷場讓雙方都會很尷尬，當對方把話題都說盡時，再也找不到合適的話題，內心就會有一種挫敗的感覺，此時你要給人留下愉悅的印象，就要懂得打破沉默，保持你的激情。

冷場常常出現在談話雙方都沒有激情的情況下，所以要用你的激情持續整個談話過程的活躍和熱絡。如果冷場出現，一定要主動打破沉默，找到可以激起對方談話興趣的話題，或者運用提問打破沉默，打開對方的話匣子，因而使整個交談保持比較愉悅的過程。

交往過程中的交流應該是互動的，每一個人都應善於尋找合適的話題打破沉默，不管這種沉默是無意的還是有意設計的。這是一種自信的表現，也是一種能力。

觸及他人痛處的話，如何挽回

每個人都有自己的忌諱，人人都討厭別人提及自己的忌諱。與他人對話時，必須避開對方的短處，不要將話題引到這上面來，以免招來對方的怨恨，特別是在開玩笑的時候。雖然大多時候，人們開玩笑的動機是良好的，但如果不掌控好分寸，就會產生一些不良的後果。即所謂「說者無心，聽者有意。」因此，掌握說話的藝術需要我們在生活中多觀察、多總結，避開別人的痛處。只有這樣，才能夠恰當地與他人溝通。

在某學生寢室，初到的新生正在爭排輩份大小。小林心直口快，與小王爭執了半天，見比自己小幾日的小王終於同意排在最後，便說道：「好啦，你排在最後，是我們寢室的寶貝疙瘩，你又姓王，以後就叫你『疙瘩王』啦。」說者無心，聽者有意，原來小王長了滿臉的青春痘，每每深以為恨，此時焉能不惱？

小林見又惹來了風波，心中懊悔不已，表面上卻不急不惱，巧借余光中的詩句攬鏡自顧道：「『蜷在兩腮分，依在耳翼間，迷人全在一點點。』唉，這真是『一波未平，一波又起』呀！」小王聽了，不禁啞然失笑——原來小林長了一臉的雀斑。

小林機智地化解了尷尬的場面，其智慧令人嘆服。無意中觸痛了對方，那就對著自己的某個缺點進行調侃，常會使對話妙趣橫生，又能化解自己戳到別人痛處的尷尬。

有的時候，我們可能會在有意無意中，觸及到他人的痛處，使談話的場面出現僵持，此時採用自我調侃的方式也是一個解決冷場的好方法。

有一次，一群大學同學舉行十周年同學會，許多同學都來參加了。聚會上，一位男同學打趣地問一個女同學：「聽說你先生是個大老闆，什麼時候請我們到大飯店吃一頓。」他的話剛說完，這位女同學就十分不自在起來了。這時，

另外一個女同學悄悄地告訴這位男同學真相，原來這位女同學前不久剛和丈夫離婚了。這位男同學知道真相以後，感到心中很內疚。不過，他迅速回過神來，說：「你看我這嘴沒開關的毛病，怎麼還和大學時一樣呀，這麼多年過去了，還是不知高低深淺，真是該打嘴！」女同學見狀，雖然心裡還是感到難過，但是仍然大方的原諒了這位男士唐突的話。這時，男士趕忙換了一個話題，從尷尬中轉移出來。

當我們不小心觸及他人的痛處的時候，不妨也像這位男同學那樣，調侃調侃自己，用真誠的語言來表達自己的歉意，使對方的心裡感到釋然。如果我們在說話時不小心觸及到別人的痛處，一定要及時挽回，這才是人際相處之道。

遭遇尷尬時故意說蠢話

不管在什麼場合，我們都有可能會遇上尷尬。尷尬的表現形式不一樣，應對方式也有所差別。在語言應對有一種很好的方式，就是佯裝不知，故說「蠢」話。

一家大型飯店招聘客房服務人員，經理給應徵者出了一道題目：「假如你無意間把房間推開，看見女客正一絲不掛地在洗澡，而她也看見你了，這時候你該怎麼辦？」

第一位答：「說聲『對不起』，就關門退出。」

第二位答：「說聲『對不起，小姐』，就關門退出。」

第三位答：「說聲『對不起，先生』，就關門退出。」

結果第三位應徵者被錄取了。

為什麼呢？前兩位應徵者的回答都會讓客人的內心存有解不開的尷尬心結，唯有第三位應徵者的回答很巧妙。他妙就妙在假裝沒看清，故作愚蠢，既保全了客人的面子，又使雙方擺脫了尷尬。

小玲在一次聚會上第一次穿高跟鞋和迷你裙，還化了比較濃的妝。朋友們見到她這樣的打扮，一片驚呼，自然而然地，她成了聚會的焦點之一。

但是年輕人聚會的一項必不可少的活動就是跳舞，而高跟鞋和迷你裙肯定是不利於跳舞的，更何況小玲還是第一回穿呢！一開始她不願意下舞池，後來在朋友們的勸說之下勉強跳了一會兒。

誰知卻出了問題，鞋跟折斷了，迷你裙也不小心撐裂了，小玲只好裝作沒事一樣，一瘸一拐地回到了座位上。

一個女孩看見了，急忙過來問她怎麼回事，她回答說腳扭到了。女孩關心地彎下腰去看。

「啊，妳的鞋跟斷了。真是的，怎麼這麼倒楣啊！哇，妳的裙子怎麼……

好了別介意，大家都是朋友，誰都不會笑話妳的，我也會幫妳保密的。妳就先在這兒坐著好了，待會兒結束了我陪妳回家。」說著又下了舞池，留小玲沮喪地坐在那裡。

一曲終了，大家都下場來，一個男孩過來坐到了小玲對面，小玲的臉顯得很不自然，生怕被他發現了，趕忙說腳有點不舒服，說著把沒有斷跟的右腳伸到了前面。男孩沒有刻意的去看她的「傷勢」，只是叫了兩杯飲料，說：「跳舞很累吧，妳平時看起來弱不禁風的，這種激烈運動連我都渾身濕透，妳肯定更累吧！以後多練習，再穿上今天這麼漂亮的衣服，那效果肯定更棒！」

兩個人聊了半天，男孩始終沒有提起她的「傷」。其實，他早就看到是怎麼回事了，為了不讓小玲太尷尬，裝作不知道，讓小玲長長地鬆了一口氣。

這位男孩就是巧妙地運用了「佯裝不知」的技巧，避免了尷尬。

在社交場合，許多人遭遇尷尬以後，即使假裝不在意，內心仍會有個疙瘩，因為對每個人來說，面子都是非常重要的。所以，有時候當別人遭遇尷尬，你的安慰可能只會讓對方感覺更沒有面子。

「善意的謊言」能討人喜歡

生活中，面對有些情景，我們講實話，反而對人、對己、對事都無益。既然真話會傷害別人，我們可製造一些「謊言」，它可以起潤滑作用，可以使人際關係更融洽、更親近。

在現代生活中，不是面對每一個人、每一件事我們都必須誠實以對，有時候一個善意的謊言能起到巨大的積極作用。每個人都或多或少存在一些弱點，有著喜怒哀樂的情感，在人與人的交往中，適當地用一些小小的「謊言」，有時會帶給我們生活的希望，甚至能改變了我們生命的軌道。

曾經有一位在偏鄉教書的老師他撒了一個謊，稱自己可以預測未來。他對

他的學生說：你將來可能成為數學家，他能當做家，那一個具有藝術天賦……在老師的指點、鼓勵和塑造下，孩子們變得勤奮刻苦，懂事好學。幾年後，大批學生以優異的成績邁進了大學的校門，這座小村莊也因此聞名遐邇。

人們都以為這位老教師能掐會算，可以感知未來。其實，老師的良苦用心是將一個美麗的謊言種植在孩子的心靈，就像播一粒種子在土裡，終將枝繁葉茂，開花結果。

其實，在現實生活中，處處都充滿著感動，雖然有時候我們見到的謊言大多是欺騙和愚弄，但真正的愛，藏在我們的心中。

你記住了嗎

或許不經意間的一件微不足道的小事，一個充滿愛的善意的謊言，能夠給自己和他人的生活帶來好的改變。因此，在人與人的交往中，適當地用一些小小的「謊言」，往往可以使人際關係更加融洽。

CHAPTER

3

從性格入手，掌控難纏人士的擺脫心理學

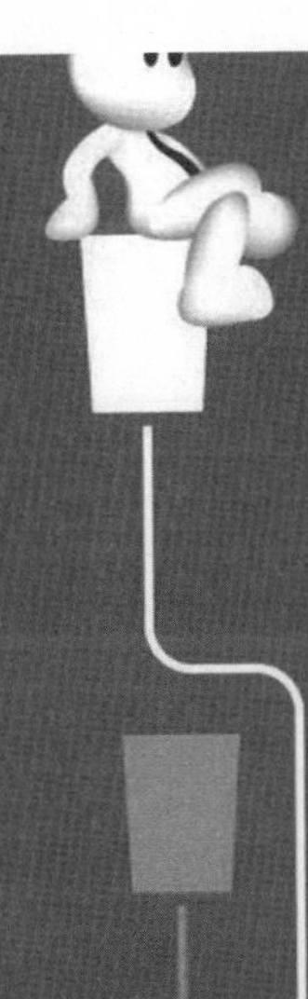

對付哈巴狗：把喜怒哀樂放口袋裡

哈巴狗害人一般分兩招：其一借上司之威和上司給他的機會打擊報復；其二，對於異於眾人不和他套近乎之人，極盡口舌，破壞對方在老闆面前的形象。與其相處時，你千萬要小心，寧可裝得矮人一截，也不高人一寸。

哈巴狗是群善於察覺顏色的人。他們透過對人所展現的各種表情判斷何時出手，怎樣應付巴結。想讓他們無機可乘，那就關掉你對外的大門，把喜怒哀樂放在口袋裡。

有些人覺得，這不就等同於壓抑情緒的表達嗎？多痛苦啊！誠然，連喜怒哀樂都不能自由表達，這種人生沒太大意思。不過，若因喜怒哀樂表達失當而

招來無妄之災，那人生豈不是更沒意思？因此，沒有必要做一個喜怒哀樂見不著痕跡的人，但不妨把喜怒哀樂放在口袋裡。

這樣做的好處有：把喜怒哀樂從情緒中抽離，你便可以理性地看待它，思索它對你的意義，進而訓練自己對喜怒哀樂的控制。把喜怒哀樂放在口袋裡就是不隨便表現自身的情緒，以免被別人窺破弱點，予人以可乘之機。

在老闆身邊，那些善於察言觀色的「有心人」，不但對老闆平時工作和生活上的習慣、特點一清二楚，就連吃喝玩樂上的癖好、家事私情上的心思，乃至收禮受賄時內心打什麼樣的小算盤也瞭若指掌，隨時都在準備著投老闆之所好。

很多老闆對吹拍之人也是看不慣的，但他們中的一些人抵擋不住馬拉松式的「攻勢」，久而久之便麻木起來，見到這些人的迎合、體貼入微的關懷，從心底裡把默許贊同表露在臉上，也慢慢地「入鄉隨俗」了。這種畸形的人際關係一旦建立，「奴才」們的感情投資就達到了目的，收穫利潤的季節也跟著到來了。

對於哈巴狗來說，你的一舉一動他都看在眼裡，想在心裡，揣摩著、研究著。我們不能低估這幫實踐型「心理學家」的能耐。對他們來說，你的點頭是鬆懈的開始，你的憤怒是哈巴狗大獻殷勤的良機，你的低落是他們撫慰的對象，你的開懷大笑是他們舉兵而入的最佳時刻。

對付牆頭草，因人施招

牆頭草是形容這樣一類人，見利思遷，唯利是圖，見風使舵，哪裡有好處就往哪裡靠，他們行事的指標和方向是利。在利益的驅使下，隨時隨地變換臉色，是十足的變色龍。對付他們，要因人而異。

牆頭草善拍馬屁，不管能力大小，逢迎媚上絕對是他們的拿手強項。有不少人被奉承得昏了頭，誰對他畢恭畢敬、阿諛奉承，就等於佩服他，他就對誰恩寵有加，大加讚賞和關愛。無疑，這種人更助長了阿諛奉承之風的盛行。

作為上司，首先應當保持清醒的頭腦。哪些是實事求是的評價之詞，哪些又是阿諛奉承之詞；在阿諛奉承之中，哪些人是出於真心而稍稍過分地讚美幾句，哪些人又是企圖透過奉承上司而達到自己的某種企圖；哪些奉承之詞中含有可吸取的內容，哪些奉承話都是憑空捏造、子虛烏有，等等，都要分辨清楚。

一、對於只會拍馬而不學無術的牆頭草，對付的方法就是炒魷魚，讓他捲舖蓋走人。當然，如果他確是無能之輩，也該讓他走人。況且他還專善阿諛奉承，你周圍有這麼一顆不知何時爆炸的炸彈，你說你還會有多少好日子可過？所以，及時讓他走人比什麼都強。

二、對於有一定能力而又有些奉承愛好的員工，最好給他找個合適的職務。這類人不可輕易解聘他，因為他還有一定的能力；也不可委以重任，因為他的忠誠度有待考驗，一旦此人心猿意馬，遲早會壞了你的大事。

三、能力一般而又有某些奉承習性的人要注意批評教育，並採用不同的方式方法。要有耐心，不能急於求成，這種習性的養成不是一朝一夕的事，改正起來也不容易。在這個時候，你要格外注重策略，注意態度，爭取從根本上扭轉他們的認知，改正他的習性，杜絕拍馬屁現象，從壓制逢迎之風開始。

四、對於那些擁有較強能力卻喜好溜鬚拍馬的「牆頭草」，你一定要小心對待，這些人處理不好可是會造成極大的麻煩。對待這種人，首先你要依據他的實際能力委以相應的職務。起碼在他們的眼中，你不能成為不識才的領導者，這會影響到他們的工作熱情。

五、朋友中的牆頭草也要認真。朋友之間講求真誠相待，牆頭草利欲攻心，今天有利是朋友，明天可能就裝作不認識。你對他再好，他也不會記恩，因此慎交牆頭草類的朋友，不讓他們輕易接近你。

如果已經是朋友了，你才發現他的真面目，最好及早抽身，遠離他們，牆頭草不會無緣無故對你好，越是突然殷勤越應提防，不要隨便透露自己的想法，和他們保持距離。

對付偽君子，要敢於說「不」

有一句名言說：「世上漫結交，其後每多悔。」意思是說，有些人隨便交朋友，結果往往要後悔，所以，當我們發現對方不是真正的朋友時，要及時拒絕，以免被友情所累。

偽君子的慣用招數裡有偽裝朋友這一條，所以面對偽君子，你應該第一時間拒絕。

拒絕朋友可能很難開口，但要清楚對方提出的要求是否合理。如果不合理，你不能礙於情面，要明確乾脆地拒絕。只要拒絕得對，誰也沒有理由指責你。如果自己答應的事情卻做不到，便會讓人反感。

當然，我們在拒絕別人時要講究技巧，要讓對方容易接受。

一是不傷害對方的自尊心。

每個人都有自尊，如果你在拒絕時不顧及對方的自尊，會使他們無法接受，認為你不夠尊重他們，不給他們「面子」，甚至引起他們的強烈不滿與氣憤。

二是儘量使用間接拒絕的方法。

想直截了當地對他人說「不」，可是話到嘴邊卻很難開口，擔心這樣做會使對方感到難堪，甚至會傷害彼此的感情，因而失去了朋友。

三是變相說「不」。

當朋友向你提出某種要求時，不必正面拒絕，而是巧妙地把對方的話題引向別處，使對方不自覺地淡忘原來的要求，因而達到的目的。這種轉移話題的方式，十分奏效。

四要以禮相待。

你感到氣憤，甚至根本無法忍受時，也要沉住氣，不可大發雷霆，出言不遜，惡語傷人。

小人也有露出真面目的時候，以合適的方式向他說「不」，在未拆台前，你已經先勝一籌，就算他想咬人，也已理虧。

對於偽君子，孔子早就說過：「花言巧語，一副討好人的臉色，十分謙卑恭敬的樣子，左丘明認為可恥，我也認為可恥。心底藏著對某人的怨恨，表面卻要去和那人友好，左丘明認為可恥，我也認為可恥。」所以，該說「不」時不管以什麼方式，都要毫不遲疑的說出口。

對付疑心重者，主動表明清白

培根說過：「猜疑就像蝙蝠，只讓人永遠在朦朧的夜裡飛翔。」多疑之人的眼睛預設很多陷阱，其實眼前都是坦途一片。與他們相處，你主動表明清白，消除對方的猜疑，掌控交際主動。

懷疑，意味著不信任、不友好，潛伏著更激烈的矛盾隱患。

如果一個人的周圍，到處可見懷疑的目光，那就表示他的處境很危險。被人懷疑不是件好事，為此，聰明的人總是設法解除人們的懷疑。

在悅來客棧裡，一個客官拿著金石杯飲酒，老闆以為是真金做成的杯，不停地盯著這客官。客官覺察出來以後，故意將杯子扔出窗外。老闆既驚訝又惋

惜。這時客官告訴老闆：「這不是真金做的，沒什麼可惜的！」

被人懷疑時，怎樣解除他人的疑慮，從上面的小故事可以知道：一定要主動化解，尤其面對多疑的上司時更應這樣。

讒言，也就是我們今天所說的「小報告」。讒言本身並不可怕，最可怕的是你的老闆是一個愛聽信讒言的多疑的人。如果老闆不分是非曲直，疑神疑鬼，讒言就成了一件致命的武器。

古往今來，由於老闆聽信讒言而導致下屬悲慘下場的事例屢見不鮮。愛國詩人屈原、民族英雄岳飛，不就是因為其君主多疑，聽信讒言而遭受迫害的嗎？

如果你遇到那種思想簡單，遇事不加分析、不做調查就胡亂猜測的上級，碰巧又有小人向他進讒言陷害你，你該如何呢？

為了不至於和老闆發生衝突，並且使他明白你是受到了讒言的陷害，你可以這樣做：

一、運用技巧揭穿讒言的真面目，為自己洗刷清白。

有人向老闆進讒誣陷你，偏偏老闆又聽信了讒言，這種情況對你極為不利。不過，你不要害怕，應拿出勇氣來，在上司面前以積極的態度與其抗爭，找出證據、採取技巧、揭穿讒言的真面目，還自己一個清白。

二、面對上級對自己莫名其妙地突然地冷淡疏遠，或在會議上不點名、暗示性地批評你，甚至故意製造工作中的問題為難你、制裁你，應當主動找上級溝通，問清緣由，說明真實情況。

凡事如果拿到桌面上，公開地、坦率地說清楚，往往會收到較好的效果。迴避的態度、忍氣吞聲的做法，只會使真相籠罩在一層迷霧中，加深上級對你的誤解，加大雙方的隔閡。應當正視面臨的困境，努力想辦法擺脫被動的局面。

三、變被動為主動。

如果確切無疑地知道上級已經在猜疑你，你可以在上級沒找你之前先找他，把一切實情坦然相告，這樣就可以變被動為主動。

另外，為了制止獻讒者繼續造謠生事，應當凜然正色地找到這位當事人，以暗示的口氣給予必要的警告。

既要讓老闆認清事實，澄清自己的冤屈，也要使好猜疑的老闆身邊少一些進讒言之人。這些都歸結於面對別人猜疑的態度：主動出擊。

對付忘恩負義者：一手戴手套，一手拿棍子

親情友情加愛情，有人看起來就等於零。即使是雪中送炭，十萬火急中送上門的援助，關上門後就是比冰霜還冷的漠視。

所以，如果你是個經常關心幫助別人的善者，無情無義的人向你乞求施捨，你一定要提高警覺。

阿基為人厚道，在公司裡人緣極好。

這次，組裡來了一個新同事，阿基本著做人原則，盡力照顧，誰知這位同事不但不感謝阿基，還暗地打著算盤，煽動一兩位不安分的同事，結成一個小「幫派」，三番兩次要阿基給點好處。

阿基因未事先防範，應變不及，為了維護辦公室的安寧，只好向他們低頭，真是啞巴吃黃連，有苦說不出。

阿基以為他們會鳴金收兵，誰知過了不久，他們竟連同其他單位的人向他發炮，逼他下台。由於阿基在工作上曾有一次不小的疏忽紀錄，加上事起倉促，無從防備，因而「中箭落馬」，而接他位子的，正是那位新同事。

阿基防範不及，中了那群忘恩負義的人詭計。要防好他們的進攻，還得明確這些人的心理發展路徑。

剛開始他們口頭謝謝你，你會覺得這人還懂得感恩，慢慢的，他們就露出不足之心，踏破門檻，索求更多好處。

大部分人的反應是，給一次好處，多少會有感激之情，尤其在他有需要時，這種感激尤其強烈；再給，他慢慢感到分量不足；又給，便得寸進尺，主動索要了。

最糟糕的是，當你不能滿足對方時，對方乾脆採用激烈手段，爭取這些好處。

當然，並不是給人好處必定會落到這步田地，但可能性是存在的，如果你

手上有好處，就必須注意到這點。給好處要恰到好處，一旦勾起了他們無止的私欲，要趁早收手。

另外，這種人充分抓住了環境的脈動和主事者的弱點，甚至自己塑造環境，為自己營造有利條件，然後向資源擁有者叫陣，以求取利益。對於忘恩負義的人，他們向你索要好處，你是給還是不給？不給他們暗算你，給了又是群忘恩負義的人，浪費資源。

對付這種情況，要一手戴手套，一手拿棍子。

首先，他們向你索食或你給他們幫助時，警覺他們的大口胃，一次給予後不見反應，迅速收工。

其次，他們再次需求無所得時，可能失去理智，你應當拿起棍子，遠離為妙。最後，如果他們變換臉色，假惺惺裝正人君子，百般感恩，那更要注意了，敵人反攻的信號燈在亮了，要時時察言觀色，能不見就不見。

你記住了嗎

馴獸師之所以能在猛獸面前遊刃有餘，是因為他一邊有防護的工具，一邊又有制服動物的利劍。防範忘恩負義的人，何不學學他們呢？

對付「笑面虎」：留一道心理防線

對付此類口蜜腹劍的「笑面虎」，不管他是何等身份、哪個角色，關鍵的一條是不要輕易相信他的甜言蜜語。你的目標是要從他那裡得到直截了當的答覆，以瞭解自己所處的地位，做出相應的計劃。在認為他刁難你之前，首先需要找出他這樣做的原因，再見機行事。

《孫子兵法》寫道：「信而安之，陰以圖之；務而後動，勿使有變。剛中柔也。」全句意為：暗地裡我方卻另有圖謀。要做好充分準備，然後再採取行動，不要使得敵方發生意外的變故，這就是外表上柔和，骨子裡卻要剛強的謀略。

這就是笑裡藏刀之計，用在軍事上是一妙招，屢屢能出奇制勝，但如果跨越到人際關係，為人處世，那這種計策的使用者就十分陰險，也就是我們所說的笑面虎。

笑面虎具有以下幾個特徵：

一、具有很強的功利心。

二、擅長玩陰謀詭計，喜歡耍小聰明。

三、心如蛇蠍，惡毒陰險。

四、無論任何人都不能阻礙他們前進的步伐。

他們表裡各一套，陰謀就藏在笑面裡，一貫兩面三刀。口蜜腹劍的人善用雙關語，初聽來是誇讚之語，實則話裡有話、暗藏殺機。你稍遲鈍片刻便中了他的圈套，被他羞辱一番，卻是有苦說不出，差不多是被迫吞下屈辱。

剛剛聽到恭維話的時候，你還意識不到他話裡有話，所以那些「好」話聽得你很舒服，想都不想裡面可能暗藏的貶義。可是細加思量，你便發現自己無法斷定他是真的話裡帶刺，還是自己的疑心太重。再次聽到恭維話時，你就馬上明白他的確是在羞辱你，而並不是你的腦子出了問題，想偏了。

當他使用的雙關語像倒鉤一樣刺向你時，明明知道他別有用心，也知道自己應該反擊，可是你卻依然面帶微笑謝他，這時你真想踹自己幾腳。

對付這種笑面虎，就要學會以下幾招：

一、始終留一道心理防線

人心叵測，即使是好朋友都可能害你，對於笑面虎，如未能知其底細，當留一道心理防線。放鬆警覺、輕信他人，容易栽倒在小人手中。

留一道心理防線，正是給自己留一條路，既禦敵於外，又可全身而退，不落入笑面虎的懷抱中，任其宰割。

二、莫當好好先生

好人的聲譽不是憑空得來的，要有付出和代價。當代價超過心理承受底線時，多少會令人難以割捨，所以好人難當。

做好人毫無過錯，但要講原則。「好人」被過分揮霍時，常會得到「好心

被當成驢肝肺」的後果。

你可以與他聊些無關痛癢的八卦話題，但不要讓他牽著你的鼻子走。他如果發牢騷抱怨公司的壞處，或是議論別人的短長，即使與你心中所想的一拍即合，你也不能與之附和，這時你最好把話題岔開。否則，日後這些話會被他添油加醋地傳出去，說成是你的想法，叫你解釋不清，有苦難言。

口蜜腹劍的人很會籠絡人心，你千萬不要被他加了糖的麻醉劑弄得放鬆了警覺。

CHAPTER

4

善用心計順利達到目的的駕馭心理學

製造強大的敵人，引起同仇敵愾

在生活中，應坦誠待人，不可鉤心鬥角。但是，有的時候，還是需要講究一些策略，比如，要爭取某人的支持，就可以把雙方的共同點擴大，找到共同的利益，樹立共同的敵人，使對方與自己「同仇敵愾」，這種方法在要維護自己的合法、合理權益，而自己又勢單力薄時是有效也有必要的。

春秋時，吳國和越國是敵國，經常交戰。一天，十幾個吳人和越人碰巧同乘了一艘渡船，但都互不答理。

不料，船到了江心時，天色驟變、狂風頓起、暴雨如注，巨浪洶湧而來，渡船劇烈地顛簸著，吳國的兩個孩子嚇得哇哇大哭，越國的一個老太太跌倒在

船艙裡。

老艄公一面竭力掌好船舵，一面讓大家速躲進船艙。另兩名年輕的船工，馬上奔向桅杆解開繩索，想把篷帆解下來，可是一時又解不開。而如果不趕快解開繩索，把帆降下來，船就有可能會翻掉。

就在這個千鈞一髮之際，乘客們都爭先恐後地衝向桅杆去解繩索，此時也不分誰是吳人誰是越人了。他們那麼默契，配合得就像左右手。

過了一會兒，渡船上的篷帆終於被降下來了，船顛簸得也不那麼厲害了。老艄公望著風雨同舟、共渡危難的人們，歎道：「吳越兩國如果能永遠和睦相處，該有多好啊！」

這個故事講的就是《孫子兵法》中「吳越同舟」這個成語的來歷。本來素有恩怨的吳越兩國人，在面臨更大的敵人，即暴風雨的襲擊時，為了共同的利益而同心協力、合作無間。由此可見，即使是敵對的雙方，當面臨更大的敵人時，雙方也會消除恩怨，同仇敵愾。

這種心理真的很微妙，為此，心理學家曾做過一個實驗來加以證明：

三個人為一組做簡單的「撞球遊戲」，誰最後被淘汰，誰就是獲勝者。顯然，這三個人分別構成了敵對關係。結果顯示，如果在比賽中，有一個人遙遙領先，那麼其他兩個人就會聯合起來，共同阻撓領先者得分。

瞭解了人們所普遍存在的這種心理，善加利用，就有可能解除對立者之間的警戒狀態，讓對方與自己達成一致，獲得共贏。

例如，具有同等競爭力的中小企業，彼此間難免存在摩擦，進而產生糾紛，甚至會演變到水火不容的地步。

這時，如果讓對方意識到，如果繼續敵對下去，會讓某公司，尤其是大公司坐享漁翁之利。這樣，對方就會產生一種危機感，不敢再「自相殘殺」，讓共同的敵人獲益。

而原先的那種敵對情緒也就大大減弱了，彼此間的關係也就更加和諧，因而「化敵為友」，積極解決問題，盡可能實現共贏。

其實，「共同的敵人」也未必真的存在，有些時候，可以故意製作一個「假想敵」，甚至可以演「雙簧」，一個扮「白臉」，一個扮「黑臉」。

當然，這必須配合得天衣無縫，否則會弄巧成拙，使對方產生反感。

此外，還有一種情況，就是：「共同的敵人」是存在的，但是又不知道到底是哪一個。在這種情況下，仍需要雙方的通力合作。

例如，在全球的飲料市場上，可口可樂和百事可樂是前兩強，沒有哪個品牌能夠擠進去。這就在於可口可樂和百事可樂這兩個「夙敵」的默契配合，他們看不到具體的「共同的敵人」，但是他們在激烈的市場競爭中存在著無數的敵人。

所以，無論這兩個「夙敵」如何激烈地競爭，都不靠打「價格戰」來擊退對方，只要防住協力廠商，他們的市場佔有率和利潤就可以繼續維持了。

如果雙方為了一點對立就爭得不可開交，可以製造一個強大的共同敵人，引起同仇敵愾，因而轉移對方的注意力，有助於雙方「化敵為友」，達成共識。這樣才能通力合作，促進彼此共同發展。

收放自如，把對手控制在你的手中

一張一弛，文武之道。在做人做事方面，只有懂得收放自如的人，才能將主動權穩固地掌控在自己的手中。當然，要善於掌控人心，懂得收放分寸。

劉秀當上東漢開國皇帝後，有一段時間很憂鬱。群臣見皇帝不開心，一時議論紛紛，不明所以。

一日，劉秀的寵妃見他有憂，怯生生地進言說：「陛下愁眉不展，妾深為焦慮，妾能為陛下分憂嗎？」

劉秀苦笑一聲，悵悵道：「朕憂心國事，妳何能分憂？俗話說，治天下當用治天下匠，朕是憂心朝中功臣武將雖多，但治天下匠的文士太少了，這種狀

況不改變，怎麼行呢？」

寵妃於是建議說：「天下不乏文人大儒，陛下只要下詔查問、尋訪，終有所獲的。」

劉秀深以為然，於是派人多方訪求，重禮徵聘。不久，卓茂、伏湛等名儒就相繼入朝，劉秀這才高興起來。

劉秀任命卓茂做太傅，封他為褒德侯，食二千戶的租稅，並賞賜他幾杖車馬、一套衣服、絲綿五百斤。後來，又讓卓茂的長子卓戎做了太中大夫，次子卓崇做了中郎，給事黃門。

伏湛是著名的儒生和西漢的舊臣，劉秀任命他為尚書，讓他掌管制定朝廷的制度。

卓茂和伏湛深感劉秀的大恩，他們曾對劉秀推辭說：「我們不過是一介書生，為漢室的建立未立寸功，陛下這般重用我們，只怕功臣勳將不服，於陛下不利。為了朝廷的大計，陛下還是降低我們的官位為好，我們無論身居任何職，都會為陛下誓死效命的。」

劉秀讓他們放心任事，心裡卻也思慮如何說服功臣朝臣，他決心既定，便

有意對朝中的功臣們說：「你們為國家的建立立下大功，朕無論何時都會記掛在心。不過，治理國家和打天下不同了，朕任用一些儒士參與治國，這也是形勢使然啊，望你們不要誤會。」

儘管如此，一些功臣還是對劉秀任用儒士不滿，他們有的上書給劉秀，開宗明義便表達了自己的反對之意，奏章中說：「臣等捨生忘死追隨陛下征戰，雖不為求名求利，卻也不忍見陛下被腐儒愚弄。儒士貪生怕死，只會動唇舌，陛下若是聽信了他們的花言巧語，又有何助呢？儒士向來缺少忠心，萬一他們弄權生事，就是大患。臣等一片忠心，雖讀書不多，但忠心可靠，陛下不可輕易放棄啊！」

劉秀見功臣言辭激烈，於是更加重視起來，他把功臣召集到一處，耐心對他們說：「事關國家大事，朕自有明斷，非他人可以改變。在此，朕是不會人言亦言的。你們勞苦功高，但也要明白『功成身退』的道理，如一味地恃功自傲，不知滿足，不僅於國不利，對你們也全無好處。何況人生在世，若能富貴無憂，當是大樂了，為什麼總要貪戀權勢呢？望你們三思。」

劉秀當皇帝的第二年，就開始逐漸對功臣封侯。封侯地位尊崇，但劉秀很少授予他們實權。有實權的，劉秀也漸漸壓制他們的權力，進而奪去他們的權力。大將軍鄧禹被封為梁侯，他又擔任了掌握朝政的大司徒一職。劉秀有一次對鄧禹說：「自古功臣多無善終的，朕不想這樣。你智勇雙全，當最知朕的苦心啊！」

鄧禹深受觸動，卻一時未做任何表示。他私下對家人說：「皇上對功臣是不放心啊，難得皇上能敞開心扉，皇上還是真心愛護我們的。」

鄧禹的家人讓鄧禹交出權力，鄧禹卻搖頭說：「皇上對我直言，當還有深意，皇上或是想讓我說服別人，免得讓皇上為難。」

鄧禹於是對不滿的功臣一一勸解，讓他們理解劉秀的苦衷。當功臣們情緒平復下來之後，鄧禹再次覲見劉秀說：「臣為眾將之首，官位最顯，臣自請陛下免去臣的大司徒之職，這樣，他人就不會坐等觀望了。」

劉秀嘉勉了鄧禹，立刻讓伏湛代替鄧禹做了大司徒。其他功臣於是再無怨言，紛紛辭去官位。他們告退後，劉秀讓他們養尊處優，極盡優待，避免了功臣干預朝政的事發生。

功臣在歷史上所起的作用是巨大的，可是功臣若走向反面，他們的影響力和破壞力也是驚人的。對待他們，社會地位不能降低，以示恩寵，但不給實權，就可防患於未然了。

放縱是有條件的，在某些方面，該放的就要放；而在另一方面，該收的也一定要收。在要害處只收不放，這是放縱的首要前提。收放結合，才能把人牢牢控制住。如果只收不放，那容易束縛住別人的手腳，讓人發揮不出才華；而如果只放不收，則容易讓別人放縱恣肆，無法無天，不受控制。

在《三國演義》裡，呂布曾經埋怨曹操給他的封賞太小，曹操回答說：「你就像一隻鷹，只有在餓的時候才能為人所用，如果飽了，就會飛走了。」所以說，對待部下，需要收放有度，這樣才能發揮其最佳的利用價值。

利用對別人的同情，使他人甘願被你所控

有時候你會碰到一些讓你覺得厭煩、心地狹窄、不可理喻的人，不要去厭惡他、遠離他，而應去同情他、理解他。你自己不妨默誦約翰．戈福看見一個喝醉的乞丐蹣跚地走在街上時所說的那句話：「若非上帝恩典，我自己也會這個樣子。」

胡洛克可能是美國最有成就的音樂經紀人。二十多年來，他一直跟藝術家有來往，例如像夏里亞賓．伊莎德拉、鄧肯以及帕夫洛瓦這些世界聞名的藝術家。胡洛克先生說，與這些脾氣暴躁的明星們接觸所學到的第一件事就是必須同情，對他們那種荒謬的怪癖更是要同情。

他曾擔任夏里亞賓的經紀人達三年之久——夏里亞賓是最偉大的男低音之一，曾風靡大都會歌劇院。然而，他卻一直是個「問題人物」。他像一個被寵壞的小孩，以胡洛克先生的特別用語來說：「他是個各方面都叫人頭痛的傢伙。」

例如，夏里亞賓會在他演唱的那天中午，打電話給胡洛克先生說：「胡洛克先生，我覺得人很不舒服。我的喉嚨像一塊生的碎牛肉餅，今晚我不能上台演唱了。」胡洛克先生是否立刻就和他吵了起來？哦，沒有。他知道一個經紀人不能以這種方式對待藝術家。於是，他馬上趕到夏里亞賓的旅館，表現得十分同情。

「多可憐呀！」他極其憂傷地說，「多可憐！我可憐的朋友。當然，你不能演唱，我立刻就把這場演唱會取消。這只不過使你損失一兩千元而已，但跟你的名譽比較起來，根本算不了什麼。」

這時，夏里亞賓會歎一口氣說：「也許，你最好下午再過來一次。五點鐘的時候來吧！看看我是否好了一些。」

到了下午五點鐘，胡洛克先生又趕到他的旅館去，仍然是一副十分同情的模樣。他會再度堅持取消演唱，夏里亞賓又會再度歎口氣說：「哦！也許你最好待會兒再來看看我。我那時可能好一點了。」

到了七點三十分，這位偉大的男低音答應登台演唱了，他要求胡洛克先生先上大都會的舞台宣佈說，夏里亞賓患了重傷風，嗓子不太好。胡洛克先生就撒謊說他會照辦，因為他知道，這是使這位偉大而脾氣怪異的男低音走上舞台的唯一辦法。

亞瑟・蓋茲博士在《教育心理學》中說：「所有的人類都渴望得到同情……從某種觀點來看，為真實或想像的不幸而『自憐』，實際上是一種世界性的現象。」給別人一些同情吧，這將是你掌控他人的有效方法之一。

利用「期望效應」使他人按自己的意圖行事

拜託別人、對他人有所期望是出於現實的需要，畢竟每個人的能力是有限的；當別人來拜託你時，你心中的滿足感和成就感便會油然而生，做起事來也會幹勁十足。因此，如果你想要他人聽從你的指示，不妨將自己對對方的期望明確地表現出來，因為心理學上有一個非常著名的「期望效應」，它是說，人往往會按照他人的期望去做。

一九六〇年，羅森塔爾在加州某學校做了一個著名的實驗來論證「期望效應」。

那是一年新學期剛開始的時候，羅森塔爾請求校長對兩位教師說：「根據

以往的教學考察，我認為你們是本校最優秀的教師。為此今年學校特地挑選了一些極為聰明的孩子給你們當學生。但是，為了不傷害到其他的教師和學生，請你們儘量像平常一樣教這些聰明的孩子，一定不要讓其他人知道你們是挑選出來的最優秀的老師，你們的學生也是被特意挑選出來的高智商的孩子。」

之後的一年裡，這兩位教師更加努力地教學。在學年考試中，這兩個班級的學生成績成為全校中最優秀的，將其他班級遠遠地拋在了後面。

接著，校長公開了一個令人驚訝的事實：這兩位老師和他們的學生都不是被特意挑選出來的優秀者，而是隨機選出的。

在這個實驗中，校長撒了謊，所謂的「天才學生」和「最優秀的老師」其實都是平凡人。但是由於校長的權威性，以致所有人都相信了這個謊言。首先，兩位教師相信了它，接著教師又在不知不覺之間透過自己的語言和行為將期望傳遞給學生——「我期望你們是最優秀的」。這樣，無論是教師還是學生，他們的自尊、自愛、自信、自強都前所未有地被激發起來，並且推動著他們去取得成就。

由此可見，利用「期望效應」來使他人按照自己的意圖行事，是一個非常

明智的方法。尤其是當你處於對方上級的地位的時候，對下屬滿懷期望，這種「降級拜託」的行為往往能在更大程度上激發起對方的衝勁，使「期望效應」產生更大的影響。

絕大多數人都有過這樣的經歷：當自己的上級對自己說：「我對你的將來抱有很大的期望」或者「我對你很有信心，你一定能將這份工作做好」的時候，心中就會產生一種無法形容的興奮感，並下定決心，好好努力，以免辜負了人家的期望。

值得注意的是，適度地對他人寄予期望是一件好事，但如果超過他人的能力範圍期望過度的話，就會給對方造成沉重的心理負擔，令人惶恐不安，進而產生反抗心理。為了避免你的期望產生副作用，需注意以下幾點：

一、你的期望需要綜合當事人的能力加以考慮，若是對方根本做不到的事情，就會產生副作用；不過，期望對方解決其力所及範圍之內的適當困難，能夠增加對方的滿足感。

二、當對方達到了你的期望，別忘記讚賞他。

三、如果對方沒有達到你的期望，也不要指責他，應給他激勵與安慰，顧全他的自尊和自信，這樣更有利於你贏得人心。

給予對方適當的期望，能夠滿足對方實現自我價值的需求，同時，還能夠激發對方的責任感、自尊心、自豪感等一連串積極的心理因素，催促他聽從你的指示，並且竭盡全力將事情做好。

恰當的回饋能使對方更積極地為你辦事

生活中，回饋效應是普遍存在的。我們應該記住：有回饋比沒有回饋好，正面回饋比負面回饋好；即時回饋比拖延回饋的效應更大。

心理學家赫洛克曾做過一個有關回饋的著名的實驗：他把一百零六名四五年級的小學生分成四組，讓他們每天練習相同的數學題目。當然，不同組練習後，所受到的「待遇」是完全不同的。

第一組為受批評組，每次練習後，都挑出學生們的錯誤，並嚴加責備。

第二組為受表揚組，當學生們練習完以後，針對他們不同的良好表現予以表揚和鼓勵。

第三組為被忽視組，對這組的成員，既不批評也不表揚，只讓其靜聽其他兩組被責備和受表揚。

第四組為控制組，這組和前三組是隔離的，並且也不會得到來自於外界的任何評價。

一段時間後，赫洛克對四組的練習效果進行了考察，結果表明：控制組的練習效果是最差的。而在前三組中，被忽視組的練習效果明顯低於其餘兩組。而在練習效果相對較好的受表揚組和受批評組中，受表揚組的練習效果最好，並且呈現不斷上升的趨勢。

由此可見，不同的評價對學生們的行動效果有著不同的影響，而沒有評價是最壞的情況。其實，評價就是對他人行動的一種回饋，而所謂回饋指的是行為者對自己行為結果的瞭解，這種瞭解能夠強化先前行為的作用，因而使行為者更加積極地做出類似的行為，提高行為的效率，這一現象，被心理學家稱為「回饋效應」。也就是說，給予對方合適的回饋資訊，能夠使他更加積極地努力。

著名心理學家多湖輝曾經講述了這樣一個故事：

有一個管理者想要解聘一個職員。不過，這位管理者並沒有像大多數人一樣，直接通知當事者「你被解雇了」；而是採用了一點心理學技巧，讓這個當事者主動申請離職。這位管理者的做法是：無論這位員工將工作做得怎樣，管理者都不置一詞，完全把他當成了一個「透明人」。就這樣，沒多久，這位員工就主動辭職了。

一個人的行為活動沒有辦法得到他人的回饋反應，會極大地打擊他的行動積極性。因此，如果你想要他人積極地為你效力，那麼你就一定要給予及時、恰當的回饋，這樣才能使對方保持積極性。

走「流氓路線」，讓對方無計可施

在非常時刻，循規蹈矩只會浪費時間，打破常規、撒潑使賴的「流氓路線」，卻可以讓對手撓破頭皮卻無計可施，是取勝的「奇招」。

鄭莊公曾在廢立太子問題上猶豫不決。他晚年想廢掉太子忽，立次子突，結果被謀臣祭足勸住，但自此給小兄弟倆留下芥蒂。莊公一死，太子忽即位，因公子突的母親雍是宋國人，突便跑到宋國去了。

後來宋國國君答應幫公子突坐上鄭國國君的寶座，但他想索要些好處，否則不但不幫他為王，還會把他獻給鄭國，以得到鄭國三座城邑的犒賞。公子突便答應宋國國君，只要宋君幫他為王，他便給宋君「六座城邑，年年貢奉糧食」。宋君聽後十分高興，滿口答應設法讓公子突回國即位，好白得許多好處。

宋君派人去鄭國，告訴各位大臣宋國將派兵送回公子突，那時宋國正強盛，鄭國哪裡是它的對手，所以大臣們紛紛倒戈擁護公子突。太子忽見大勢已去，便跑到衛國避難去了。

這年秋天，公子突回國即君位，是為厲公。

宋國一面派人來稱賀，一面索要厲公應諾的城邑和糧食。

厲公當時許諾城邑時，並未打算真的給宋國，如今他剛即位為君，就拱手送出六座城邑，怎麼向群臣交代，他自己又如何立得住腳呢？所以他假意說要與卿大夫們商量，城邑的事情暫緩，先送點糧食。

宋君一看厲公反悔抵賴，十分生氣，聯合齊國準備攻打鄭國。鄭國與魯國聯合起來抵抗，打敗宋齊聯軍，城邑的事也就沒人再提了。

宋國乘人之危，製造事端威脅利誘，妄圖坐收漁人之利，白得好處。鄭厲公在緊迫形勢下，假意承諾，取得宋國支持，達到了自己的目的，而後過河拆橋，一反前諾，既保全了國土，又奪得了君位。

對付乘人之危之人，就該走諾而不行的「流氓路線」，反正自身已處安全地帶，諒他也奈何不了我。

而中國歷史上另一人物——劉邦，可謂把流氓路線走得爐火純青，而最終身為「大丈夫」的項羽也被他們打敗，雖是情理之外，但也在意料之中。

《史記》載：項羽問漢王曰：「天下匈匈數歲，徒以吾兩人耳，願與漢王挑戰決雌雄。」漢王笑謝曰：「吾寧鬥智不鬥力。」其賴躍然紙上。

後來雙方盟約鴻溝為界楚漢講和，項羽把劉邦的父親、妻子放了，引兵東歸，劉邦突然毀約，以大兵隨後攻之，把項羽逼死烏江。劉邦之無賴可見一斑。

楚、漢兩軍對峙的時候，項羽曾把劉邦的父親捉拿到軍中，想以此來要脅劉邦。

一次，兩軍對陣，項羽把劉邦的父親推到陣前說：「你如果不撤兵，我就把你父親烹煮了。」

劉邦竟然毫不猶豫地回答道：「我們倆曾經結拜為兄弟，我爸爸就是你爸爸，你爸爸就是我爸爸，你若把你爸爸煮了來吃，請把肉湯分一杯給我喝。」

「流氓路線」即不循章法，拋開顧慮，百無禁忌。

如此行事，守，對手不知從何下手；攻，對手自然不堪一擊。

抓住對方最脆弱的時刻，一擊制勝

人們常說「沒有平平凡凡的成功。」一點也沒錯，真正的成功總是屬於那些有準備的人。

在應對挑戰的過程中，要善於找到成功的突破點，若能抓準對手最脆弱的時刻，競爭中制勝就要簡單的多了。

有一天，更羸和魏王站在一個高台上，仰頭看見天空中有鳥飛。

更羸對魏王說：「請大王看看，我可以只拉弓不發箭就能把鳥射下來。」

魏王不相信地說：「難道你的射術可以達到這樣的水準嗎？」

更羸很自信地說：「可以。」

不一會兒，一隻雁從東方飛來，更羸拿起弓拉了一下空弦，那隻雁應聲栽落到地上。

魏王驚歎道：「你射箭的本領居然可以達到這樣一種地步！」

更羸說：「這是一隻受傷的孤雁啊！」

魏王問：「先生是怎麼知道的呢？」

更羸回答說：「牠飛得很緩慢，叫聲很悲慘。根據我的經驗，飛得慢，是因為舊傷疼痛；叫得慘，是因為長久失群。由於牠的舊傷沒有長好，一直處於一種害怕的心情之中，所以一聽見弓弦響，就急忙往高處飛，這就引起傷口破裂，從高空掉下來了。」

《孫子．謀攻》有言：「知己知彼，百戰不殆。」這一規律不僅為古今中外許多軍事家所推崇，作為一種智慧，一種決策制勝的方略，它同樣適用於生活的各個方面。

面對對手，面對挑戰，我們只有清楚地觀察到對方的每一個細節，才能做到心中有數，採取正確的對策贏得勝利。

聽鴻鳴而知其傷，彈弓而落飛鳥，這是一種境界，更是一種藝術。眼中

有數，心中不慌，敏銳地觀察，直擊對方心裡的最弱點，就能出其不意地制勝。

大雁雖然受了傷，脫離了雁群，但是牠依然可以飛翔。內心的孤獨與恐懼消磨了牠前進的動力，牠的傷在身體，更在內心。

作為一個有經驗的射手，經過仔細的觀察，更羸顯然看透了大雁的情況，他知曉大雁的弱點，所以即使弓上不放箭，只是一聲空弦聲，大雁也便從高空墜落。

詳細的觀察、嚴密的分析、準確的判斷是更羸虛拉弓弦就能射落大雁的原因。這種觀察、分析、判斷的能力，只有透過長期刻苦的學習和實踐才能培養出來。

你可以羨慕更羸彈弓音而落大雁，但你更應看到他的敏銳觀察和為了這一次的射獵而經過的刻苦訓練。

人的一生要面對無數的挑戰，每一次的挑戰都是艱辛而不同的，但成功的法則是不變的，那就是瞭解自己，瞭解對手。

以己之長，攻子之弱，在對方最脆弱的那一刻出手，你往往能一擊制勝。

透過說話方式猜透對方心思

說話方式是透露他人內心所想的「視窗」，一個人的說話方式不同，所反映出的真實想法也不同，注意對方的說話方式，你便能猜透對方的真實心理，聽出對方在想什麼。

如果對於某人心懷不滿，或者持有敵意時，許多人的說話速度都變得遲緩，而且稍有木訥的感覺。如果有愧於心或者說謊時，說話的速度自然就會快起來。

有一個男人每天下班都按時回家，而這一天他下班後卻留在辦公室與同事打撲克牌，回到家時，他就馬上跟老婆說他加班了。

那位「加班」的男人，當他向老婆解釋時，說話的語調不僅快，而且慷慨激昂，好像今天「加班」的確讓他很反感——他是很不願意「加班」的。這樣，他可以解除內心潛在的不安。

當兩個人意見相左時，一個人提高說話的音調，即表示他想壓倒對方。對於那種懷有企圖的人，他說話時就一定會有意地抑揚頓挫，製造一種與眾不同的感覺。

這樣的人有一種吸引別人注意力的慾望，自我顯示欲在言談之中隱隱約約地就透露出來了。

說話曖昧的人大多數喜歡迎合他人，他們說同一句話既可這樣解釋，又可那樣解釋，含糊其辭。這種人處世圓滑，從不肯吃虧，懂得如何保護自己和利用別人。

經常對他人品頭論足，說長道短的人，嫉妒心重，心胸狹窄，人緣不好，心中孤獨。

如果他對諸如別人不跟他打招呼之類的小問題耿耿於懷，證明他在自尊心上受挫，渴望得到別人的尊重。

常以老闆的過失和無能為話題，則表明他自己有出人頭地、取而代之的願望。

有人在說話時極力避開某個話題，這說明他在這方面有隱衷，或者在這方面有強烈的慾望。比如當一個人的心中對金錢、權力或某異性懷有強烈的慾望時，很怕被別人識破，於是就故意避開這個話題以掩飾自己的真實用意。

交談時，對方先是與你談一些家常話，這表示他想試探你的態度，瞭解你的實力，探明你的本意，然後好轉入正題。

CHAPTER 5

獲得他人追隨的籠絡心理學

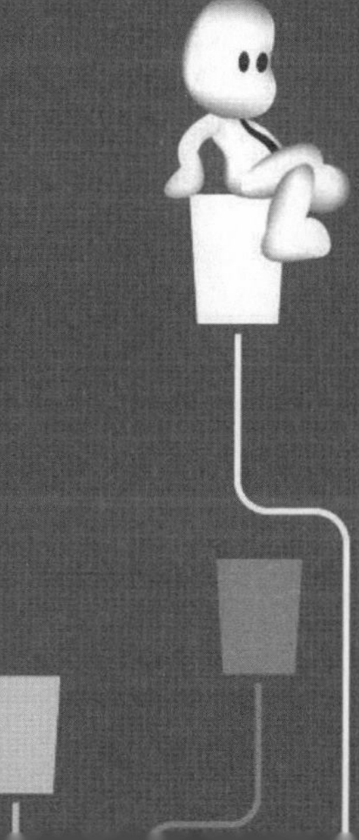

巧唱「空城計」，牽著對方的鼻子走

虛虛實實，兵無常勢，變化無窮。空城計，是一種被動作戰的被動行為，當我們實力弱勢、甚至走投無路時，妙用此計，以假亂真，可充分利用資訊的不對稱性和對方的心理，牽著對方的鼻子走，實現自己的最大利益。

古代戰場上，諸葛亮曾以兩千五百名士兵巧設空城計，利用司馬懿的疑心，智退二十萬大軍，出奇制勝。

空城計之所以奏效，是因為它提供的資訊虛虛實實，讓人無從琢磨。這種方法在現代商場上也時有運用。

某地區盛產紅茶，這一年茶葉豐收了，茶農們紛紛將茶葉賣給了茶葉收購

處，這使得原本庫存量就不小的茶葉進出口公司，庫存進一步增加，形成了積壓，而積壓最嚴重的就是紅茶。這麼多的茶葉讓進出口公司的業務員很煩惱，如何設法銷出去呢？

正在這時，有外商來詢盤。進出口公司覺得這是個好機會，一定要把握住這個機會。為此，他們做了周密部署。

在向外商遞盤時，進出口公司將其他各種茶葉的價格按當時國際市場的行情逐一報出，唯獨將紅茶的價格報高了。

「其他茶葉的價格與國際市場行情相符，為什麼紅茶的價格要那麼高？」外商看了報價，當即提出疑問。

進出口公司的代表坦然地說：「因為今年紅茶收購量低，庫存量少，加上前來求購的客戶多，所以價格就只得上漲。中國有句古話叫僧多粥少就是這個意思。」

外商對進出口公司所講的話半信半疑，談判暫時中止了。

隨後的幾天，又有客戶前來詢盤。出口公司照舊以同樣的理由、價格回覆他們。

外商心裡不免暗中嘀著：「真的像他們所說的那樣嗎？若是真的需求量大而庫存量少的話，就得趕快簽訂收購合約，否則價格還會提高。」

雖說外商對紅茶的報價心存疑問，想瞭解真實的情況，但也不可能因為紅茶的價格略比往年高，就派人去實地考察。於是就透過間接的途徑向其他客戶查問，查問結果與自己獲得的資訊是一樣的。

最終，外商與進出口公司就關於購銷紅茶一事簽訂了合約，唯恐遲了無貨可供。價格方面當然按進出口公司所報的價支付。

在這個例子中，進出口公司就是很好地利用了「空城計」的戰術，故意散播虛假資訊，說是「紅茶庫存量少，需求量大，價格上漲。」並對自己的資訊做了周密的準備，使對方無法證實資訊的真假，最終不但將茶葉銷售一空，而且還賣了個好價錢。

但如果一開始進出口公司的工作人員就暴露出紅茶豐收的資訊，那麼外商一定會設法壓低價格，使進出口公司遭受不必要的損失。

任何實際戰略中，風險往往與機遇、利益和成功並存。

空城計的奇巧之處在於：要善於正確、及時地掌控對方的背景、性格特徵、心理狀態等，因時、因地、因人的以出奇的謀略解除自己的危機。

不過，由於此計具有很大的不確定性和風險性，許多主動權和機遇還是掌握在對方手裡，因而在萬不得已的情況下，不宜使用空城計，同時，此計也不宜重複、多次地運用。

找個理由走下台，不損面子擺脫窘境

生活中，面對有些情景，我們講的實話對人、對己、對事都無益。一個人滿嘴謊言肯定不是好事。但是，一個人要是連一句謊言也不會說，也不一定是好事。

小郭是一個很無趣的人，孟欣很不喜歡和他在一起，所以當小郭邀孟欣下班後去吃飯時，他就編了個謊話說：「今天有點事，實在沒時間。」

像孟欣拒絕小郭的邀約，就是使用說謊的權宜之計，因為不管怎樣，孟欣總不能說：「和你這種人喝酒實在是很無聊的事，所以我不去。」這樣說是很傷感情的。

打發了小郭後，孟欣約業務部的老陳到公司附近的小館子去喝一杯。

孟欣與老陳喝得正起勁的時候，小郭突然出現了：「孟欣，你不是說今天沒空嗎？……」

很顯然，這是一個極尷尬的場面。由於事出突然，孟欣一時也找不出話回答，只是心想要怎樣才能消除這種尷尬。

孟欣該怎麼辦呢？

如果以實相告，那麼同事間這個「梁子」算是結下了。這時要注意，謊話比真話更容易讓人接受，但說謊一定要有些技巧。

既要避免跟對方針鋒相對，又要達到自己的目的，這時候說個「善意的謊言」是解除尷尬最好的方法。

在這種情形下，最好就是大家都坐下來喝酒。而且對第三者出現的理由，一定也要有交代。

「本來約我今晚談生意的人，就在你離開後打電話來說臨時有急事要取消約會。使得我很懊悔沒有接受你的邀約，等我去找你時，你已經離開了。湊巧碰到老陳，所以我找他來這裡喝一杯……」

這樣既給自己找了台階下，也照顧了對方的感受，一個小小的謊言，卻起到了化干戈為玉帛的作用。

當然，在酒桌上好說話，容易圓謊。要是在其他場合中謊言被識破該怎麼辦呢？用「裝傻充愣」的辦法也能順利「過關」。

企劃部的小春請求王成為他修改一篇論文，小春把文章交給了王成。兩天後，小春問王成改好沒有。

王成愣了一下，他壓根忘了這件事。如果老實說，顯然會傷害到小春，王成答道：「實在對不起，我為這事正煩著呢！我已改好了，可是電腦染上了病毒，檔案全部都不見了，再給我一天的時間，我再做一份。」

王成回去後趕緊修改，圓了這個謊言。

說謊有術，圓謊有招，與人交往時懷著善意的目的把謊話說得好聽，讓謊言給人帶來歡樂，是一種本事，也是一種美德。

我們偶爾會遇到一些意想不到的情況而陷入窘境，這時候，不撒個小謊還真不行。

只要目的的單純，沒有害人之心，謊言是一把上得來下得去的梯子。

虛張聲勢，以小充大贏得多

在與他人打交道時，尤其是經商、談判或求人辦事，可以把僅有的「資本」集中在一個點上，讓對方只看到你強大的一面，從你這個側面的強大，對你的整體實力產生錯覺。

三〇年代，福松商會在日本神戶地區開張，年少得志的松永左衛門，擔任商會經理。開張不久，神戶最出名的西村豪華飯店的一個侍者給經理一封信，是一位叫山下龜三郎的先生送來的。

松永打開信，上面寫道：「鄙人是橫濱的煤炭商，承蒙福澤桃介（松永父親老友，借了鉅資給松永作商會的開辦費）先生的部下秋原介紹，欣聞您在神

戶經營煤炭，請多關照。為表敬意，今晚鄙人在西村飯店聊備薄宴，恭候大駕，不勝榮幸。」

當晚，松永一踏進西村飯店，就受到熱情款待，山下龜三郎對他畢恭畢敬，使得松永不免有些飄飄然了。

酒宴進行中，山下龜三郎提出了自己的懇求：「我有個朋友在橫濱地區有一家相當大的煤炭零售店，信譽很好。如果松永先生願意信任我，讓我為您效勞將貴商會的煤炭賣給這個朋友，他一定樂於接受。貴商會也會從中得到不少利益。我只收取一點傭金就行了。不知先生意下如何？」

松永聽完之後，心裡就慢慢盤算起來。沒等他開口，山下龜三郎就把女服務生叫來，從懷裡掏出一大疊大鈔，隨手抽出幾張給女服務生，請她幫忙買些神戶的特產瓦形煎餅來，並當著松永的面，十分闊綽地抽出一張作為小費。

松永看那一大疊鈔票，暗暗吃驚。心想：這位山下先生來頭不小啊！稍作思考，便對山下龜三郎說：「山下先生，我可以考慮接受你的請求。」

經過簡單的談判後，松永便與山下龜三郎簽下了合約。

豐盛的晚宴後，松永一離開，山下龜三郎便馬上搭上末班車回橫濱去了，

西村飯店那樣高的消費，哪是山下龜三郎所能住得起的？山下龜三朗的那一大疊鈔票，其實只是他以橫濱那不景氣的煤炭店作抵押，臨時向銀行借來的；介紹信則是在瞭解了福澤、秋原與松永的關係後，藉口向福松商會購買煤炭，請秋原寫的。然後，山下龜三郎又利用豪華氣派的西村飯店作舞台，成功地上演了一齣財大氣粗的「豪邁」好戲。

從此以後，山下龜三郎就直接從福松商會得到煤炭，轉手賣給別人，利潤滾滾而來。

業務介紹信、飯店裡設宴談生意、給服務生小費，是日本商界中司空見慣的。故事中，山下龜三郎就是利用這些極為平常的小事，大方的出手顯示自己擁有雄厚的實力。

而年輕的松永，被山下龜三郎誠懇恭敬的熱情招待和慷慨大方所迷惑，果真把山下龜三郎當成氣派的富商對待了，並與其簽下了合約。

聰明的山下龜三郎給松永提供的資料可謂有真有假、亦是亦非，他利用這些虛虛實實的情況而贏得松永的信任，因而達到自己的目的。

在商業經營的過程中，虛張聲勢經常能夠迷惑對手的判斷力，突破對手的心理防線，使他不自覺地相信你虛擬的事實，因而佔據交易的先機，取得良好的經營效益。對於實力不強的人來說，虛張聲勢還有助於迅速發展自己的事業，做到以弱勝強。

不過在應用的時候一定要掌握好分寸，切忌搬起石頭砸了自己的腳，到時你喪失的不僅是商機，甚至會失去信譽。

常言道：「與臭棋簍子下棋，只會越下越臭。」在人類社會裡，誰都願意與強者打交道、合作，當你實力不夠強大的時候，就可以考慮透過運用虛張聲勢的方式來為自己贏得強大的實力，進而為自己開拓一條成功的大道。

自導自演雙簧戲，沒有條件也創出條件

有時候我們做事情時卻發覺沒有什麼條件可憑藉。遇到這種情況，「沒有條件，創造條件也要上」來個自導自演，以「謊言」讓對手相信，並為你辦事。這樣的「謊言」是一個聰明能危機處理的表現，還可獲得別人的尊敬。

張作霖本是「綠林匪首」為了轉為清政府的「正式幹部」，他別出心裁攀附上了盛京將軍曾祺，實現了自己的夢想。

一九〇〇年，張作霖已成為東北幫派土匪中一股不小的勢力。這一年清政府恢復了曾祺的職務，讓他回奉天收拾殘局。張作霖看到中俄戰爭已經結束，土匪的日子日益難過，就想洗手不幹，轉為歸順朝廷。

張作霖若直接去投靠曾祺，是很危險的，弄不清曾祺的心思，搞不好會被一網打盡，落個身首異處。

恰好曾祺的姨太太要從關內返回奉天，此事被張作霖手下幹將湯二虎探知，急忙報告。張作霖一拍大腿，說：「這真是天助我也！」

於是張作霖就吩咐湯二虎，如此如此行事。

湯二虎在新立屯設下埋伏，將曾祺的姨太太一行攔下，隨後把他們押到新立屯的一個大院裡。

曾祺的姨太太和貼身侍者被安置在一座大房子裡，四周站滿了持槍的土匪，這時，張作霖立即來到大院。故意大聲問湯二虎：「哪裡弄來的馬？」

湯二虎大聲說：「這是弟兄們在路上做的一筆買賣，聽說是曾祺將軍大人的家眷，剛押回來。」

張作霖假裝憤怒說：「混帳東西！我早就跟你們說過，我們在這裡是保境安民，不要攔行人，今後如有為國效力的機會，我們還得求曾大人照應！你們今天卻做出這樣的蠢事，將來怎麼向曾祺大人交代？你們今晚要好好款待他們，明天一早送他們回奉天。」

屋裡的曾祺姨太太聽得清清楚楚，當即傳話要與張作霖面談。

姨太太很感激地對張作霖說：「聽罷你剛才的一番話，知你將來必有作為，只要你保我平安回奉天，我一定向將軍保薦你這一部分力量為奉天地方效勞。」

張作霖聽後大喜。

次日清晨，張作霖侍候曾祺姨太太吃完早點，然後親自帶領弟兄們護送姨太太回奉天。

姨太太回到奉天后，即把途中遇險和張作霖願為朝廷效力的事向曾祺將軍講了一遍。

曾祺自然感謝張作霖，立即奏請朝廷，把張作霖的部眾編為巡防營。

張作霖從此正式告別了「胡匪」、「馬賊」的生活，成為真正的清廷管帶（營長）。

張作霖原本與曾祺是有點關係的，憑這些被招安容易，但想要有個好官位卻很難。天不弗其願，曾祺的姨太太路過他們那裡，給了他一個獻媚曾祺的機會。他與湯二虎演了一段雙簧，順利地達到了目的。

就這樣，張作霖利用「雙簧戲」成功地由黑道轉為正道。

騙子也常常利用「雙簧戲」來害人，我們遇到別人突如其來的「好意」時，應仔細綜合分析種種跡象，弄清楚其中絲絲相扣的關聯，就能識破騙子的「雙簧戲」，看清他的真面目。

用「曝光效應」，拉近彼此關係

事實證明，某個事物呈現次數越多，人們越可能喜歡它。這與「熟悉產生厭惡」的傳統觀念恰恰相反。其實，心理學家有關單字的這個研究，恰恰證明了曝光效應的存在，即某個刺激的重複呈現會增加這個刺激的評估正向性。

曝光效應不僅使人們對經常見到的單字的喜愛程度增加，在人際交往中，曝光效應也同樣適用。這就是說，隨著交往次數的增加，人們之間越容易形成重要的關係。

一般來說，交往的頻率越高，刺激對方的機會越多，「重複呈現」的次數越多，越容易形成密切的關係。兩個人從不相識到相識再到關係密切，交往的頻

率往往是一個重要的條件。

沒有一定的交往，如果像俗話所說的「雞犬之聲相聞，老死不相往來」那樣，則情感、友誼就無法建立。當所有其他因素相等時，一個人在另一個人面前出現的次數越多，對那個人的吸引力就越大，這種現象常發生在看到某人照片，聽到某人名字之時。

我們在人際交往中，都希望得到別人的喜歡。對此，就得讓別人熟悉你，而熟識程度是與交往次數直接相關的。交往次數越多，心理上的距離越近，越容易產生共同的經驗，取得彼此瞭解和建立友誼，由此形成良好的人際關係。例如老師和學生、老闆和祕書等，由於工作的需要，交往的次數多，所以較容易建立親近的人際關係。

一九六八年，美國心理學家扎瓊克曾經進行了交往次數與人際吸引的實驗研究。

他將被試者不認識的十二張照片，按機率分為六組，每組兩張，按以下方式呈現給被試者：第一組兩張只看一次，第二組兩張看兩次，第三組兩張看五次，第四組兩張看十次，第五組兩張看二十五次，第六組兩張被試者從未看過。

在被試者看畢全部照片後，另加從未看過的第六組照片，要求所有被試者按自己喜歡的程度將照片排序。結果發現一種極明顯的現象：照片被看的次數越多，被選擇排在最前面的機會也越多。

可見，簡單的呈現確實會增加吸引力，彼此接近、常常見面的確是建立良好人際關係的必要條件。

另外求人辦事也可以用到這個，千萬別一次把禮送完，想想看，把十萬元分成十次，每次一萬元送出去，是不是比一次送十萬元效果更好呢？把禮物分成多份，這樣可以加深對方的印象，混得更熟。

當然，任何事物都是辯證的，不是絕對的，交往次數和頻率並不能給我們帶來預想的結果，有時，反而會適得其反。我們可以接受交往的次數和頻率對吸引的作用，但是不能過分誇大其對交往的作用。

俗話說：距離產生美，任何事情都存在一個分寸的問題。有些心理學家孤立地把研究重點放在交往的次數上，過分注重交往的形式，而忽略了人們之間交往的內容、交往的性質，這是不恰當的。

同學關係也要強化

在人際交往中，我們一定要重視同學之間的友情。牢記這一點：同學關係能在你危急關頭幫上大忙，或許還能幫助你成就一番事業。

如果期待關鍵時刻同學能對我們有所幫忙，這需要我們平常多做努力。如果你與同學分開以後，從來就沒有聯絡過，別說請求同學幫忙辦事了，可能他連你姓甚名誰都記不起來了。認識到了這些，就要學會將同學關係進化，尤其是到了社會上，就更要積極主動的與過去的老同學經常保持聯繫，加深彼此之間的感情。這樣，才能在必要的時候得到同學的幫助。

某鋼材公司銷售部門經理王明，聽說一公司要進一批鋼材，正在聯繫貨主。

於是王明和該公司聯繫，但是他發現已有數家鋼材公司同時和這家公司聯繫，競爭十分激烈。

王明透過調查該公司人員資料發現，該公司的一部門經理竟是自己高中時的同學任光，雖然王明與其十多年沒見面了，但是王明還是決定約見任光。

在週六的晚上，王明和任光二人在約定好的餐廳相聚。兩人見面後，自然是感慨萬千，各自唏噓不已。兩人一陣寒暄後，王明就談起了高中時的往事：

「任光，不知你還記不記得，高中一年級時我們的那次春遊。那時真是天真爛漫的時候，記得爬山時的情景嗎？我們班的馬麗麗怎麼也爬不動了，讓你拉她一把，你臉紅得不得了，還不好意思拉人家！」

任光不好意思地笑了起來：「我那時哪有那麼大的膽子，不比你，用一條橡皮『蛇』嚇得女生們都不敢往前走了，還是我揭穿了你的詭計，把你的『蛇』扔到了山下，你還吵著要我賠新的！」說著兩個人都笑了起來。

兩個人又談起了高中時的許多往事，不禁越談越來勁，越談越激動，兩個人都落了淚。這時，時間已經不早了，兩個人又聊到了當前的工作，王明順勢說：「我們公司最近有一批好鋼材，質優價廉，聽說你們公司正需要，怎麼樣，

我們兄弟也合作一回吧？」

當時的任光還正沉浸在高中的記憶之中，一聽到老同學有所求，自己公司又需要，二話不說，當即就說：「這實在太容易了嘛！回去我就跟銷售經理說，憑我和他的關係，保證沒問題。」果然，幾天後，在老同學的幫助下，王明順利地簽訂了合約。

王明正是利用與任光的這層同學關係，先勾起對方的回憶，再順水推舟，提出合作之事，任光也樂得做個人情，雙方既增進了友情，又做成了生意，可謂是一舉兩得。在當時有那麼多的鋼材公司在他之前，競爭是相當激烈的，但是他很容易地就把這筆買賣談成了，這就是人脈動力的效應。

可是，在生活中，很多人都不重視同學之間的關係，他們認為同學之間只不過那幾年的緣分，時過境遷，相互之間也就沒什麼值得留戀的了。其實這種想法是錯誤的。在校期間，同學天天見面，嬉笑玩鬧，不亦樂乎；一旦畢業，親疏遠近就靠自己維持了。

大千世界茫茫人海，既為同學，證明緣分不淺。雖相處時間不長，但這中間的關係值得珍惜，值得持續下去。如果你與同學分開後，還能保持相互聯繫，那對你的一生，或者說對你將來所要達到的目的與理想都會有好處，這其中的便利，也許是你從未想到的。

CHAPTER

6

讓他人放鬆戒備的親和心理學

以情感人，激起別人的同情心

大多數人都具有同情心，如果能激起別人的同情心，求人辦事就容易多了。

在很多時候，用感情打動別人，激起別人的同情心，比滔滔不絕地講大道理更有效果。當然，這並不是說，受害者都要擺出可憐兮兮的樣子。而是說，受害者在請求解決問題時，應該激起聽者的同情心，使聽者從感情上與你同感，產生共鳴。

這就為你解決問題打下了基礎，人心都是肉長的，只要你將受害的情況和內心的痛苦如實地說出來，別人都會理解的。

同情心可以促進當權者對受害人的理解，但這並不等於說馬上就會下定處理的決心。因為處理者要考慮多方面的情況，有時會處於猶豫之中，甚至會抱著多一事不如少一事的態度，不想過問。這時候，當事人就得努力激發處理者的責任感，要讓處理者知道，這是他職責範圍內的事，他有責任處理此事，而且能夠處理好。

一天，一位老婦人向正在律師事務所辦公的林肯哭訴她的不幸遭遇。原來，她是位孤寡老人，丈夫在獨立戰爭中為國捐軀，她只能靠撫恤金維持生活。可是前不久，撫恤金出納員勒索她，要她交一筆手續費才可領取撫恤金，而這筆手續費是撫恤金的一半。林肯聽後十分氣憤，決定免費為老婦人打官司。

法院開庭後。由於出納員是口頭勒索的，沒有留下任何憑據，因而指責原告無中生有，形勢對林肯極為不利，但他十分沉著、堅定，他眼含著淚水，回顧了英國人對殖民地人民的壓迫，愛國志士如何奮起反抗，如何忍饑挨餓地在冰雪中抗戰，為了美國的獨立而拋頭顱灑熱血的歷史。

最後，他說：「現在，一切都成為過去。一七七六年的英雄，早已長眠地下，可是他們那衰老而又可憐的夫人，就在我們面前，要求申訴。這位老婦人從前也是位美麗的少女，曾與丈夫有過幸福的生活。不過，現在她已失去一切，

變得孤苦無依。然而，某些人還要勒索她那一點微薄的撫恤金，這種人還有良心嗎？這位老太太無依無靠，不得不向我們請求保護，試問，我們能熟視無睹嗎？」

法庭裡充滿哭泣聲，法官的眼圈也紅了，被告的良心也被喚醒，也不矢口否認了。法庭最後通過了保護烈士遺孀不受勒索的判決。

沒有證據的官司很難打贏，但林肯成功了。這應歸功於他的情緒感染，激起了聽眾及被告的同情心，達到了理智與情緒的同化作用，起到了征服人心的目的。

滿足需求，辦事前先感動對方

人們往往喜歡儘量表現得比別人強，或者努力證明自己是有特殊才幹的人。一個真正有能力的領袖是不會自吹自擂的，所謂「自謙則人必服，自誇則人必疑」就是這個道理。

美國著名政治家帕金斯三十歲那年就任芝加哥大學校長，有人懷疑他那麼年輕是否能勝任大學校長的職位，他知道後只說了一句：「一個三十歲的人所知道的是那麼少，需要依賴他的助手兼代理校長的地方是那麼的多。」

就這短短的一句話，使那些原來懷疑他的人一下子就放心了。

求人辦事，感動別人來幫助你，是再好不過了。但要感動別人，就得從他們的需要入手。你必須明白，要一個人幫你做事情，唯一有效的方法就是使他自己情願。

同時，還必須記住，人的需要是各不相同的，每個人有各自的癖好偏愛。只要你認真探索對方的真正意向，特別是與你的計劃有關的，你就可以依照他的偏好應對他。

你首先應讓自己的計劃適應別人的需要，這樣你的計劃才有實現的可能。比如說服別人最基本的要點之一，就是巧妙地誘導對方的心理或感情，以使對方就範。如果你特別強調自己的優點，企圖使自己占上風，那對方反而會加強防範。所以，應該先點破自己的缺點或錯誤，使對方產生優越感。

此外，有些被求者因為幫助了你，有恩於你，心理上會不自覺地產生一種優越感，說不定還要對你數落一番。

當你認為自己可能被人指責時，不妨先數落自己一番，當對方發覺你已承認錯誤時，便不好意思再指責你了。

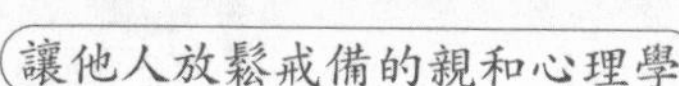

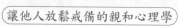

在辦事過程中，你要努力做到這一點，先在心理上滿足對方，那麼對方還有什麼理由不為你辦事呢？

親切稱呼，縮短彼此之間的距離

許多情況下，求人時雙方會有一種距離感，這會讓談話難以融洽地進行。這時你可以透過一些讓兩人關係更親密的技巧，讓彼此之間的距離縮短。關係愈親密的人愈容易對人敞開心房。因此你有求於人時，一定要記得不失時機地與對方套交情，而稱呼就是套交情的最好方式。

日本前首相中曾根康弘，某次赴美與雷根總統會談時互以暱稱代替客套的稱謂，兩人在親密友好的氣氛中進行會談，此事一時成為外交界流傳的佳話。能夠以暱稱或名字互稱，必須有相當親密的關係，否則很難說出口。沒有人會對初次見面的人以暱稱或名字來稱呼，一般會附上先生、教授、老師等，待相

處久了之後才會以對方的名字相稱。

從心理學的觀點看也是如此，當兩人心理上的距離愈來愈近時，他們的稱呼也從頭銜到姓、到名。接下來，想讓對方替自己辦事也會變得輕鬆自如。

一位老師講述他自己經歷的事：「某次有位我從前教過的學生來請我幫他做媒，當時我便問他何以兩人的關係如此快速地進展。他回答說：『某次我與她見面時，她突然直接喊我的名字，使我頓時感到與她的關係是如此的親近。』而在此之前他們兩個只以姓氏互稱而已，可見稱呼對兩人心理上的距離有很大的影響。」

你記住了嗎

求人時一定要不失時機地與對方套交情。如果一時難以接近，不妨利用稱呼的方式拉近你們的距離，而且口吻必須自然，不可讓對方感覺你在裝腔作勢。兩人的距離若因此而接近，那麼所求之事也就不難辦了。

重複對方的話，給他人留下深刻好印象

社會上，無論與什麼類型的人打交道，我們都希望給對方留下深刻的好印象。可是，具體該怎樣去實現呢？

其實很簡單——溝通的過程是最容易獲得朋友信任的時候，而溝通過程中能否適當地重複對方的話尤為重要。

適當重複對方的話，既可以增強自己的理解程度，表現別人對對方的尊重，還可以對問題和結果進行強化，激發對方對談話的興趣。加深對自己朋友之間的交往，必須給人良好信任感，這是不言而喻的。

很多人都有這樣的錯誤認知，認為總是重複對方的話好像顯得自己比較囉

唆，容易引發他人的不滿，其實實際情況並非如此。

的確，過多的重複容易給人造成一種錯覺，然而要是重複得恰到好處，適當的重複對方說話的重點，那麼對方便認為你很重視這次談話，能夠抓住談話的重點，那樣的話，效果就不一樣了。

不得不承認，大部分的人都對自己的語言都有一種特殊的感情，尤其是在某些情況下經過深思熟慮之後的發言，這類發言對於他們自我滿足感來說相當重要。此時，一旦我們對他人的話不以為意或者不加重視，那麼很難讓他人對我們有什麼深刻的好印象，相反還會把我們納入一種不能「志同道合」的陌生人的範疇，那樣我們就無法和這樣的人接觸、獲得他的好感了。

其實，在這個過程中，我們只要以同樣的心情瞭解對方的煩惱與要求，滿足一下他們內心滿足感或者說虛榮心，很容易收到相反的好效果的。

例如，在與朋友交談時，當聽取了朋友的某種意見時，一面要點頭表示自己同意，一面要適當重複對方的話，這樣就能讓對方感覺受到了重視，因而不由自主地將心裡話說給你，將你當做好朋友來接待。

你記住了嗎

所以，請你記住：在恰當的時候重複對方說話的重點，這是一種加深他人對我們印象的一種最簡單有效的方法。

妙用「地形」，讓對方從心裡喜歡你

古往今來，軍事上一直都非常講究地形因素，其對作戰的成敗，往往至關重要。其實，在交際心理學裡，「地形」同樣十分重要，如果能佔據優勢「地形」，你就會很容易的博得對方喜歡，贏得好感。

關於這一點，美國心理學家穆勒爾和他的助手曾做過一個有趣的試驗，證明許多人在自己的會客室裡談話，比在別人的客廳裡更能說服對方。由此證明，人們在自己熟悉的地方與人交往容易無拘無束，可以靈活主動地展現或推銷自己，有利於社交的成功。

試想，在別人熟悉而自己不熟悉的地方交往，我們很容易產生莫名其妙的不安和恐懼，難以灑脫自如，自然處於劣勢。這就是為什麼經人介紹對象的時候，兩人初次見面往往喜歡選擇在自己的「領地」內進行，而不願在對方「地盤」內進行。

既然在與人相處時，雙方的所在地很重要，我們就應該學會在交際中多營造對自己有利的地形條件。具體來講，可以參考以下一些要點。

第一，相距五十公分能給對方留下好印象。

要使對方對你產生好感，與談話者就應保持理想的距離。談話的距離較近，能製造一種融洽的氣氛，消除緊張情緒。最合適的距離就是一方伸出手可以搆到另一手，即五十公分左右。

第二，對初次見面的對方，採取立於旁邊的位置，較能迅速建立親近感。

初次見面，和人面對面地談話，是一件不好受的事。因為兩人之間的視線極易相遇，導致兩人之間的緊張感增加。而坐在旁邊的位置，則不必一直注意對方的視線，因而容易輕鬆下來。

第三，坐椅子時，淺坐的姿勢會令人產生好感。

交談時，如果對方深深地坐在沙發或椅子上，甚至上半身靠在椅子上，那

麼說明他根本沒有專心聽講，缺乏誠意。相反，如果淺坐在椅子前端的三分之一處，就會使人產生好感。

第四，黑暗有助於人們交往。

在光線暗的地方，人們比較容易親近。心理學的實驗也證明，黑暗是人們親密起來的保護傘。

當你想與他人建立一種親密關係的時候，就應儘量請他們到酒吧、俱樂部、咖啡廳等地方去。

當然，最佳地利是有條件的、辯證的、可以變化的，在自己熟悉的地方交往，在一般情況下是有利的。但若對方是老人、長者、女士等，讓他們也屈身就己，恐怕於情於理都說不過去。相反，倘若聽憑他們選擇，自己前往他們的地盤，則更能表現對他們的照顧、體諒和尊重，這樣做本身就極有利於社交的成功。

總之，地點是與交往的目的密切聯繫的，二者相符方能收到最佳效果。高級飯店、豪華餐廳是招待高級賓客的好去處，而花前月下、幽靜隱蔽之地是談情說愛的理想場所，談公事在公司為宜，講私事則到家裡說。因事而定，隨事而變，才是明智的選擇。

在自己的領地內，固然容易充分發揮自己的交往潛能，可是時常也會伴有少了約束的弊端，使自己的缺點外露。

而在別人的地盤內進行，雖然受到的約束較多，然而卻可用心專一，利於深層次、多方位地觀察和瞭解對方。

所以，真正的社交高手，絕不局限於自己的領地，而是既可以「請進來」，也可以「走出去」，是不會作繭自縛的。

明處吃虧，收穫感激的捷徑

自古流傳這樣一句話：「啞巴吃黃連，有苦說不出。」講的是，有的人為了息事寧人，往往去吃暗虧，結果「賠了夫人又折兵」。其實，吃虧並不不是什麼壞事，甚至可以說「吃虧是福」。

說到這，你多半會問：「同樣是吃虧，為什麼有的如吃黃連，有的卻是福呢？」這其中奧祕，就在於你怎麼吃這個「虧」。為人處世，吃虧一定要吃在明處，否則就是白吃。

戰國時，梁國與楚國相鄰，兩國在邊境上各設界亭，亭卒們也都在各自的地裡種了西瓜。

梁國的亭卒勤勞，鋤草澆水，瓜秧長勢極好；而楚國的亭卒懶惰，西瓜秧自然長得不好，與對面西瓜田的長勢沒法比。

楚國的亭卒覺得失了面子，有一天夜裡偷跑過去，把梁國亭卒的瓜身全給扯斷了。

梁國的亭卒第二天發現後氣憤難平，報告給邊縣的縣令宋就，並說：「我們也過去把他們的瓜秧扯斷好了！」

宋就說：「這樣做當然是很卑鄙的，我們明明不願他們扯斷我們的瓜身，那麼我們為什麼再反過來扯斷人家的瓜秧呢?別人不對，我們再跟著學，那就太狹隘了。你們聽我的話，從今天起，每天晚上去給他們的瓜秧澆水，讓他們的瓜秧長得好一點，而且，你們這樣做，他們一定會知道的。」

梁國的亭卒聽了宋就的話後覺得有道理，於是就照辦了。楚國的亭卒發現自己田裡的瓜秧長勢一天好過一天，仔細觀察，發現是梁國的亭卒在黑夜裡悄悄為他們澆的。

楚國的邊縣縣令聽到亭卒們的報告，感到十分慚愧，於是把這件事報告了楚王。楚王聽說後，特備重禮送梁王，既表示自責，亦表達酬謝，結果兩國成

了友好的鄰邦。

為別人文過飾非，實在是個打好關係的好機會。當朋友在眾人或是你面前犯了錯，你一定要抱著吃虧的心理，乾脆給他面子，幫他一把。

精明的人是很懂得吃虧藝術的。他們故意把虧吃在明處，讓誰都看得見，自己成了施者，朋友則成了受者。看上去是他們吃了虧，實際上卻是他們得了益，因為朋友欠了他們的人情。

在友誼、情誼的天平上，他們已為自己加了一個籌碼，這是比金錢、比財富更值得珍視的東西。

人際交往過程中，情願自己吃點虧是一個很好的交際方法。當然，交友吃虧也必須講究方式和技巧。不管是吃大虧，還是吃小虧，只要能對打好朋友關係有幫助，你就要盡力吃下去，不能皺眉。尤其是大虧，有時更是一本萬利的事。

你記住了嗎

在明處吃虧，會讓你在朋友眼裡變得豁達、寬厚，讓你獲得更深的友誼。這當然會使朋友更心甘情願幫助你，為你辦事。同時，你還是在為自己儲蓄人情資本，何樂而不為呢？

玩轉馭人之術，讓他人主動幫忙的引誘心理學

善用「增減法」，影響人們的心理

我們想要批評人的時候，並不應該像傳統的做法那樣，先說一些對方的優點，然後再指出他的缺點，即所謂的「欲抑先揚」，那樣很容易給對方造成心理落差，挫折感會引起他們的反感。

美國有一位老人，退休後想圖個清靜，就在湖區買了一棟房子。入住的前幾周倒還太平。可是不久，有幾個年輕人開始在附近追逐打鬧、踢垃圾桶且大喊大叫。老人受不了這些干擾，卻又不能制止，因為他知道，如果制止的話，反而會引起那些年輕人的反抗心理，情況可能更糟了。

他想出了一個辦法，就出去對年輕人說：「你們玩得真開心。我最喜歡熱

鬧了，看著你們玩我也覺得變年輕了呢！如果你們每天都來這裡玩耍，我給你們每人一塊美金。」年輕人當然高興，現在不但能玩還能賺錢，何樂而不為呢？於是他們更加賣力地鬧起來。

過了兩天，老人愁眉苦臉地說：「我到現在還沒收到養老金，所以，從明天起，每天只能給你們五毛錢了。」年輕人雖然顯得不太開心，但還是接受了老人的錢。每天下午繼續來這裡打鬧，只是遠沒以前那麼起勁了。

又過了幾天，老人「非常愧疚」地對他們說：「真對不起，通貨膨脹使我不得不重新計劃我的開支，所以我每天只能給你們一毛錢。」

「一毛錢？」一個年輕人臉色發青，憤憤不平地說道：「我們才不會為區區一毛錢在這裡浪費時間呢，不幹了。」

從此，老人又重新過起了安靜悠然的日子。

這個故事中，老先生正是運用「增減效應」為自己贏得了一份難得的清淨。所謂「增減效應」，是指人們最喜歡那些對自己的喜歡、獎勵、讚揚不斷增加的人，最不喜歡那些對自己的喜歡程度不斷減少的人。

「增減效應」在我們的生活中也是處處可見的。例如，到市場上買一斤白

糖，售貨員如果先在秤盤上放超出一斤的分量，再一點一點地從秤盤上減掉，顧客的心裡就會感到不舒服。而要是先在秤盤上放上少於一斤的分量，然後再一點一點地添上去，顧客就會感覺佔到了便宜，覺得老闆很大方，很可能以後還到這家來買東西。

其實，用兩種方法秤得的白糖分量完全一樣，只是增減的順序不同，卻給了我們完全不同的感覺。這是為什麼呢？

原來，人們的挫折感是「增減效應」之所以存在的心理根源。從倍加褒獎到小的讚賞乃至不再讚揚，這種遞減會導致一定的挫折心理。一般來說，人們會比較平靜地接受一次小的挫折，然而，如果所獲得的讚賞越來越少，甚至不被褒獎反被貶低，挫折感逐漸增加、增大，人們就難以接受了。而遞增的挫折感很容易引起人的不悅及心理反感。

所以，我們應該恰當地運用「增減效應」，例如，可以先說對方一些無傷尊嚴的小毛病，然後再恰如其分地給予讚揚，也就是「欲揚先抑」，當對方感覺到你對他的評價是越來越好的，他就會感覺你對他的喜歡程度是不斷增加的，便會很高興，也樂於接受批評。

你記住了嗎

人們的心裡總有這麼一種傾向：習慣得到，而不習慣失去。

激發對方高尚動機，順勢制宜影響他

我們每個人都在內心裡將自己理想化，都喜歡為自己行為的動機賦予一種良好的解釋。這就是為何大家都希望聽到誇獎，而不是貶低。也正因如此，我們可以透過訴諸一種高尚的動機賦予對方，順勢制宜，實現改變他人、影響他人的目的。卡內基曾指出，每個人的行事都有兩個好理由：一是看起來很好；二是的確很好。這個觀點既有道理，也非常實際。

曾有一位婦女，抱著小孩上火車。由於人多，他們上車後位子上已經坐滿了人。但是，這位婦女旁邊，有一位年輕的小夥子正躺著睡覺，一個人占了兩個人的位子。孩子哭鬧著要座位，並用手指著要那個小夥子，想讓其把座位讓

給自己。誰料，小夥子卻假裝沒聽見，依舊躺在那裡睡覺。這時，小孩的媽媽用故作安慰的口吻對孩子說：「這位叔叔太累了，讓他睡一會兒，就會讓給你的！」聽了媽媽的話，小孩也不好再說什麼了。幾分鐘後，那個小夥子似乎剛剛睡醒的樣子，然後站起來，客氣地把座位讓給了母子倆。

小孩子單純地索要，小夥子並沒有讓座，而媽媽一句安慰，卻贏得了小夥子主動而客氣地讓座。這是為什麼呢？要知道，這位婦女之所以能成功，妙就妙在她順勢制宜，對那位小夥子採取了尊重禮讓的方法，給他設計了一個「高尚」的角色：他是一個善良的人，只是由於過度勞累而無法施善行。趨善心理使小夥子無法拒絕扮演這個善良的角色。

某房屋公司有一位不滿意的房客，在租約尚有四個月沒到的情況下，恫嚇要搬離他的公寓。按當時規定，那間公寓每個月的租金是一萬元，可是房客聲稱立即就要搬，不管租約那回事。要知道，當時是淡季，如果房客立即搬走，房子是不容易租出去的。對於公司來說，四萬元就不翼而飛了。

很多人都認為，此時應該找那個房客，要他把租約重念一遍，並向他指出，如果現在搬走，那四個月的租金，仍須全部付清。

可是，聰明的工作人員卻採取了另外一種辦法。他對房客說：「先生，我聽說你準備搬家，可是我不相信那是真的。我從多方面的經驗來推斷，我看出你是一位說話有信用的人，而且我可以跟自己打賭，你就是這樣的一個人。」

房客靜靜地聽著，沒有作特別的表示。他接著又說：「現在，我的建議是這樣的，將你所決定的事，先暫時擱在一邊，你不妨再考慮一下。從今天起，到下個月一日應繳房租前，如果你還是決定要搬的話，我會答應你，接受你的要求。」他把話頓了頓，繼續說道：「我相信，你是個講話有信用的人。」

很多人想不到的是，到了下個月，那位房客主動來繳房租了。還告訴工作人員，他跟太太商量過，決定繼續住下去，他們認為，最光榮的事，莫過於履行租約。

想達到改變他人的目的，你不妨找一頂實現這件事能表現出的高尚帽子，然後恭敬地戴到對方頭上，很少有人會拒絕的。

製造短缺假象，可以極大影響對方的行為

當我們能夠獲得某種東西的機會越來越少時，其價值就會越發的凸顯出來，變得貴重。

這種「機會越少，價值就高」的短缺原理，往往會對我們的行為產生很大的影響，而且這種影響是全面的、深刻的。

心理學家曾經做過這樣一個實驗，心理學家選了十個人，分別與他們面對面進行談話，而在談話期間，心理學家會盡力地講一些比較有趣的話題來吸引實驗者，同時，他還安排人在他們進行談話的時候，給實驗者打電話，看看實驗者會有什麼樣的反應。

結果發現，十個實驗者雖然並不知道是什麼人從什麼地方打來的電話，但是都會中斷與心理學家的談話而選擇去接電話，即使打來的電話並不重要，且交談的內容也沒有與心理學家交談的內容精采和有趣，但是再有電話打來，他們還是會接。

即使不接，也不會像之前那樣專注地與心理學家進行交談了，明顯變得坐立不安，因為他們心理總是惦記著那個電話是誰打來的。

相比而言，打來的電話似乎比與心理學家的談話更具吸引力，這是為什麼呢？

因為每個實驗者都會想，如果自己不接電話的話，就有可能不知道打來電話的人是誰，並因此錯過了打電話者所帶來的資訊，而且一旦錯過了，就可能永遠也沒有補救的機會了。

因此，電話一響，實驗者就會中斷談話而去接電話。

這個實驗告訴我們，可能失去某種東西的想法，會對人們採取什麼樣的行為產生很大的影響。

而且還有一點，那就是害怕失去某種東西的想法比希望得到同等價值東西

的想法，對人們產生的激勵作用更大。

如你想讓對方接受你的某種建議或者要求，告訴他如果不接受就會造成什麼樣的損失，要比告訴他們接受以後能夠得到什麼樣的好處更容易說服對方。

例如，某醫院為了鼓勵人們定期去醫院做身體健康檢查，在免費發放的宣傳冊上是這樣寫的：如果你每個月都不花時間到醫院做身體檢查，那麼你可能就會失去一份健康保障。

而這樣寫，明顯比寫「如果你每個月都花些時間到醫院做身體檢查，那麼你就可能會得到一份健康的保障」更能夠說服人們，其效果是有明顯不同的。這就是短缺心理給人們造成的巨大影響。

我們知道，在現實生活中，很多人喜歡收藏一些古董等東西，而那些古董之所以價值連城，主要原因就是因為它們稀少、罕見，不容易獲得。如果類似的古董到處都是，那麼它們也就不值錢了。

因此，通常來說，當一樣東西開始變得越來越稀少時，它就會變得更有價值。這就是我們平常所說的「物以稀為貴」的現象。

甚至一些原本不完美的、一文不值的東西，會因為稀少，甚至唯一，而變成重金難求的珍品。例如，印刷模糊的郵票、打磨失敗的美玉、兩次衝壓的硬幣、有殘缺的瓷器等，因為稀少，因為有瑕疵反而比沒有瑕疵的物品更有價值，更受到人們的青睞。

這說明，短缺因素對物品的價值會起到很大的影響作用。而利用這一原理，我們則能夠達到給人施加壓力，使之順從的目的。

不僅在行銷領域，在其他很多領域都用上了這個短缺原理，其中比較有代表性的就是談判。不過在談判領域，短缺效用又被賦予了新的內容。

當人們的自由選擇受到限制或威脅的時候，維護這種自由的願望就會使我們更想擁有這種自由，因此，當越來越嚴重的短缺或其他因素使我們不能像以前一樣自由獲得自己想要的東西的時候，我們就會透過更卓絕的努力對這種妨礙做出反抗，這是短缺原理在談判領域的新發展。

因為短缺而使獲得的機會減少，這樣的狀況往往能夠十分有效地激起人們強烈的佔有慾望。

而對於獲得數量和時間的限制越徹底，其產生的效果越明顯。利用這樣的心理刺激，我們往往可以影響人們的某些言行。

巧妙釋疑，讓對方放下心理包袱

求人辦事時，對方有時會很難做出決定，這是可以理解的。對某一事物不理解，想不通，往往是疑慮重重，這就需要遊說者善於以情定疑，把道理說透。疑慮消除了，自然就達到了求人辦事的目的。

一九二一年，美國百萬富翁哈默聽說蘇聯實行新經濟政策，鼓勵吸收外商，就打算去蘇聯做糧食生意，當時蘇聯正缺糧食，恰巧美國糧食大豐收。

此外，蘇聯有的是美國需要的毛皮、白金、綠寶石，如果讓雙方交換，是一筆不錯的交易。哈默打定了主意，來到了蘇聯。

哈默到達莫斯科的第二天早晨，就被召到了列寧的辦公室，列寧和他進行

了親切的交談。糧食問題談完以後，列寧對哈默說，希望他在蘇聯投資，經營企業。

西方對蘇聯實行新經濟政策抱有很深的偏見，做了許多懷有惡意的宣傳。哈默聽了，心存疑慮，默默不語。

聰明的列寧當然看透了哈默的心事，於是耐心地對哈默講了實行新經濟政策的目的，並且告訴哈默，「新經濟政策要求重新發展我們的經濟潛能。我們希望建立一種給外國人以工商業承租權的制度來加速我們的經濟發展。」經過一番交談，哈默終於弄清楚了蘇維埃政權的性質和蘇聯吸引外商企業的平等互利原則，於是很想放手一搏。

但是不一會兒，他又動搖起來，想打退堂鼓。為什麼？因為哈默又聽說蘇維埃政府機構，人浮於事，手續繁多，尤其是機關人員辦事拖拉的作風，令人吃不消。

當列寧聽完哈默的擔心時，立即又安慰他道：「官僚主義，這是我們最大的禍害之一。我打算指定一兩個人組成特別委員會，全權處理這件事，他們會向你提供你所需要的資源。」

除此之外，哈默又擔心在蘇聯投資辦企業，蘇聯只顧發展自己的經濟潛能，而不在意外商的利益，以致外商在蘇聯辦企業得不到什麼實惠。

當列寧從哈默的談吐中聽出這種憂慮，馬上又把話說得一清二楚：「我們明白，我們必須確定一些條件，確保承租的人有利可圖。商人不都是慈善家，除非覺得可以賺錢，不然只有傻瓜才會在蘇聯投資。」

列寧對哈默的一連串的疑慮，逐一進行釋疑，一樣一樣的解釋清楚，並且斬釘截鐵，乾脆俐落，毫不含糊，把政策交代得明明白白，使得哈默的心好像一塊石頭落了地。沒過多久，哈默就成了第一個在蘇聯租辦企業的美國人。

假如當初列寧不是很巧妙地解開哈默的疑問，那麼哈默很有可能就不會在蘇聯投資了，那樣無論對哪一方都將會是一種損失。

你記住了嗎

若是你想求對方辦事，而對方又心存疑慮時，你最好採用上述方法，巧妙解開對方的疑惑，讓對方放下心理包袱，那麼事情就變得好辦多了。

適當轉移話題，提高對方的談興

適當轉移話題，提高對方的談興，也是求人辦事過程中常用的一種方法。比如，有些事透過直言爭取對方的應允已告失敗，或在自己未爭取之前就已經明確了對方不肯允諾的態度，在這種情況下，就應該採取委屈隱晦、轉移話題的辦法了。

「委屈」就是不直接出面或不直取目的，而是繞開對方不應允的事情，透過另外一個臨時擬定的虛假目的做幌子，讓對方接受下來，當對方進入自己設定的圈套之後，自己的真實目的也就達到了。

所謂「隱晦」就是掩蓋自己的真實目的，以虛掩實，讓對方無從察覺。表面上好像自己沒有什麼企圖，或者讓對方感到某種企圖並非始於自己，而是另外一個人。這樣，對方可能就不再有戒備和有所顧慮，要辦的事情處在這種無戒備和無顧慮的狀態中顯然要好辦得多了。

委屈隱晦的最大特點就是含而不露或露而不顯，在具體運用時有些小竅門需要認真領悟。

在運用這種技巧時，說話者首先要瞭解聽者的心理和情感，這是說者必須掌握的說話技巧的基礎。我們也只有在瞭解聽者的心理和情感的基礎上，才能正確地選擇什麼場合該講什麼，不該講什麼，哪些話題能夠打動聽眾的心坎，能使聽眾產生共鳴。

人的情感是一種內心世界的東西，一般是捉摸不定，較難掌控的。但是，在有些場合，人的內心的東西又常透過各種方式而外露。如果我們善於觀察聽者的一舉一動，並能據此加以分析和推測，那麼，我們是基本上可以掌握聽者的心理和情感的。

某中學老師悉心鑽研中國古典文學，出版了近二十萬字的一本有關詩歌的書籍。該校的校刊社小記者得到消息後就到這位老師家採訪。讓老師介紹寫書

經驗，只見那位老師面帶難色，認為只是一個專題學習，談不上什麼經驗。

小記者抬頭望著牆上的隸書說：「老師，這隸書是您寫的吧？」

老師：「是的！」

小記者：「那麼請您談談隸書的特點，好嗎？」

這正是老師感興趣和願意談的話題。師生之間的談話內容逐漸變得融洽起來。

這時，小記者不失時機地說：「老師，您對隸書很有研究，我們以後還要請您多加指導。不過，我們現在十分想聽聽您是怎樣寫成《中國詩歌發展史》這一書的。」此刻，老師深感盛情難卻，也就只好加以介紹了。

由此可見，當某個話題引不起對方的興趣時，要有針對、有選擇地挑選新的話題，以激起對方的談興。

值得注意的是，轉換話題以後，勸說者還要注意在適當時機及時將話頭引入正題。因為換題只是為了給談正題打下感情基礎，而非交談的真正目的，所以，當所換之話題談興正濃，雙方感情溝通到一定程度時，勸說者就要適可而止，將話鋒轉入正題。

當你與別人辦事進入某種僵局時，你最好採取適當轉移話題的辦法，從另一個角度和對方談話，以此提高對方的談興。在不知不覺中，你再把話題拉回來，順利辦成你想辦之事。

聲東擊西，出乎對方意料

巧妙地說服別人幫你辦事有很多技巧，其中有一種很重要的方法就是聲東擊西。

對於固執己見或執迷不悟者，最好的說服辦法是聲東擊西，明說是「東」，其暗示的卻是「西」，讓人從中領悟到你的用意，因而接受你的意見。

在這個世界上，沒有人是不求人的。

但求人請托要想獲得好的效果也不是件容易的事，所以，要使對方心甘情願的幫你的忙，你必須練就一副銅牙鐵齒。

如果你沒有口才，只一味地談自己的事，並不停地對對方說「勞你費心，請你幫忙」之類的話，只會讓人感到不耐煩。

五代後唐的開國皇帝莊宗李存勖，有一次打獵興致來了，縱馬奔馳。到了中牟縣時，更是鞭急馬快，老百姓田地的農作物被他踐踏了一大片。

中牟縣令為民請命，擋馬勸阻。

沒想到引起莊宗大怒，當面斥退縣令，並要將縣令斬首示眾，隨行大臣沒有一人敢進諫言。

過了一會兒，伶人中一個叫敬新磨的從背後轉到莊宗馬前，並立即率人追回被砍頭的縣令，押至莊宗馬前，憤怒地指責縣令道：

「你身為一個縣官，難道還不知道我們的天子喜歡打獵嗎？你為什麼縱容老百姓在田地裡種農作物來繳納國家的賦稅呢？你為什麼不讓你們縣的老百姓餓著肚子而空著地，好讓天子來此馳騁打獵取樂呢？你的罪該死！」

怒斥之後，他請莊宗對中牟縣令立即行刑，其他伶人也隨聲附和。

莊宗聽著、看著，然後哈哈一笑，縱馬而去，遂免了中牟縣令的罪，讓其回府了。

敬新磨對皇帝的一段諫言，奇特新穎，他指東說西，逗樂了莊宗皇帝，又免去了中牟縣令的死罪。由此也可見敬新磨的煞費苦心。

當你在求人遇到阻礙時，完全可以採用這種背道而馳、指東說西的方法，讓對方從你的話中領悟出內在道理，因而改變所有的決定。

「理直氣壯」的理由對方更容易接受

有些人面對初次見面的人，就以理虧的口吻說話，這種無謂的謙卑，反而會使自己站不住腳，並無益處。

求人辦事也要名正言順，要有個理由，有個說法，給個交代，或找個藉口，做個解釋。在求人的理由上做文章，實際上就是為自己的求人辦事尋找個好藉口。

人類是理性的動物，不論什麼事情，希望能給別人一個理由。即使是個無賴之人，也不願讓人說自己無理取鬧，他們總會有自己的「歪理」。

皇帝殺臣下、除異己，也得給文武大臣有個解釋，真是「欲加之罪，何患

無辭」，在求人辦事中，我們也總要為自己找個藉口。藉口隨處都需要，只是編造技術有好有壞。

藉口，其實就是「沒理找理」，所以找藉口時要扳起臉來，一副「理直氣壯」的樣子，方能得逞。

儘管找人辦事總是要找一定理由的，但具體應該怎樣找理由就應該多下一番工夫了。

以廣告人為例，他們可以說個個都是找藉口的高手，當即溶咖啡在美國首度推出時，曾有這樣一段故事。公司方面本來預測這種咖啡的「簡單」、「方便」會大受家庭主婦的歡迎。沒想到事與願違，其銷售並無驚人之處。姑且不論味道問題，大概是因為「偷工減料」的印象太深刻的關係。

因為在美國，到那時為止，咖啡一直都是必須在家裡從磨豆子開始做起的飲料，只要注入熱水就能沖出一大杯咖啡來，怎麼看都太過草率了。

所以，廠商便從「簡單」、「方便」的正面直接宣傳，改為強調「可以有效利用節省下來的時間」的廣告戰略——「請把節省下來的時間，用在丈夫、孩子的身上。」

這種改變形象的做法，去除了身為使用者的主婦們所謂「對省事的東西趨之若鶩」的內疚。因為「我使用速成食品，一點也不是為了自己的享樂，而是因為可以把節省下來的時間用到家人身上之故。」此後，銷售量年年急速上升，自是不在話下。

實際上，嗜酒者從不主動要求喝酒，卻以「只有你想喝，我陪你喝」，或者「我奉陪到底」，「捨命陪君子」這類藉口來達到心願，表面上既不積極，也不乾脆。

如果你想在交際中如魚得水，就一定要擅長這方面，即在辦某件事時總要找個理由作為依託，這樣才算圓滿。

而且在這種理由的掩蓋下，即使他知道自己的責任，也會一味推卸。利用人們的這種心理，先替對方準備好藉口，對方就不會再推辭。

比如，送禮給人時，先要說：「你對我太照顧了，不知如何感激，這是我一點小意思，請您接受。」由於有了藉口，所以對方減少了內疚意識，定會欣然接受禮物。

總之，在求人辦事時，先在理由上做足文章，為辦事找個台階。

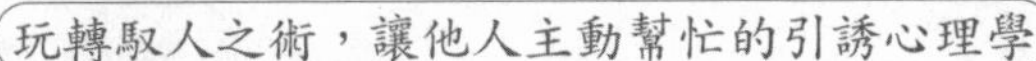

人都是這樣，辦事情講究名正言順，你給他一個名，他是很樂於做些自我欺騙、掩耳盜鈴的事的，尤其是事情對自己有利的時候。

用模糊語言說尖銳的話

對於一些話題比較尖銳的事情，最好使用模糊語言，給對方一個模糊的意見，或者多用一些「好像」、「可能」、「看來」、「大概」之類的詞語，顯得留有餘地，語氣委婉一些。

當學生在課堂上回答不出問題時，作為老師一般不應這樣訓斥學生：「你怎麼搞的？昨天你肯定沒複習！」而應當用模糊委婉的語言表達批評的意思：「看來你好像沒有認真複習，是不是？還是因為有點緊張，不知道該怎麼說呢？」而且應當進一步提出希望和要求：「希望你及時複習，抓住問題的要領，爭取下次作出圓滿的回答。」這樣給了學生面子，也能達到好的效果。

在一些交流場合，尤其是在一些比較正式的場合，經常會遇到一些涉及尖銳問題的提問，這些提問不能直接、具體地回答，又不能不回答。這時候，說話者就可以巧妙地用模糊語言表達自己的意見，讓當事雙方都不會感到太難堪。

阿根廷著名的足球明星馬拉度納所在的球隊在與英格蘭隊比賽時，他踢進的第一個球是頗有爭議的「問題球」。據說墨西哥一位記者曾拍到了他用手拍球的鏡頭。

當記者問馬拉度納那個球是手球還是頭球時，馬拉度納意識到倘若直言不諱地承認「確實如此」，那對判決簡直無異於「恩將仇報」（按照足球運動慣例，裁判的當場判決以後不能更改），而如果不承認，又有失「世界最佳球員」的風度。

馬拉度納是怎麼回答的呢？他說：「手球一半是迪亞哥的，頭球一半是馬拉度納的。」這妙不可言的「一半」與「一半」，等於既承認球是手臂打進去的，頗有「明人不做暗事」的君子風度，又肯定了裁判的權威。

我們在聽政府發言人談話，或者看一些資料、公報的時候，常常覺得平淡無味。其實這些語言往往蘊涵著非常尖銳的意思，只是用了一些模糊化的詞語，讓它顯得「平淡」了一些而已。比如外交部發言人談話中提到「賓主雙方進行了坦率的會談」，這裡「坦率」的背後意思就是有很多爭議，意見件分歧非常大；再比如「應當促進雙方的交流」，意思就是雙方的共識太少，彼此之間有比較深的成見。這些模糊化的語言既達到了說明問題的目的，又起到了淡化矛盾的作用。

用模糊語言回答尖銳的提問是一種智慧，它一般是用伸縮性大、變通性強、語意不明確的詞語，因而化解矛盾，擺脫被動局面。

何種態度需要應需而變

對一個領導者來說，能容人，才能管人。一個寬厚容人、海納百川的領導者，才能使各路人才歸服，群策群力，做好事業。

歷史上許多優秀的領導者都有一個共同的特點，就是為人大度，胸襟開闊，能容納有個性的下屬，能寬容下屬的缺點。在中國歷史上，這類事例不勝枚舉。

麥克．喬丹不僅是一名球藝精湛的著名球星，還是一位胸懷寬廣，欣賞自己對手的人。很多年前的一場NBA決賽中，NBA中的另一位新秀皮朋獨得三十三分，超過喬丹三分，因而成為公牛隊中比賽得分首次超過喬丹的球員。比賽結束後，喬丹與皮朋緊緊擁抱，兩人淚光閃閃。

開始時，由於皮朋是公牛隊中最有希望超越喬丹的新秀，他自己也時常流露出一種對喬丹不屑一顧的神情，還經常說喬丹在某方面不如自己，自己一定會推翻喬丹在公牛隊的首席位置這一類話。但喬丹並沒有把皮朋當做潛在的威脅而排擠皮朋，而是以欣賞的態度處處對皮朋加以鼓勵。

有一次，喬丹對皮朋說：「我倆的三分球誰投得好？」皮朋有點心不在焉地回答：「你明知故問，當然是你。」因為那時喬丹的三分球成功率是百分之二十八點六，而皮朋是百分之二十六點四。

但喬丹微笑著糾正：「不，是你！你投三分球的動作規範、自然，很有天賦，以後一定會投得更好，而我投三分球還有很多弱點。」並且還對他說，「我扣籃多用右手，並習慣地用左手幫一下，而你，左右都行。」這一細節連皮朋自己都不知道，他深深地為喬丹的無私所感動。

從那以後，皮朋不再把喬丹當成對手，兩人彼此欣賞對方，成了最好的朋友。喬丹不僅以球藝，更以他那坦然無私的廣闊胸襟，贏得了所有人的擁護和尊重，包括他的對手。

美國心理學家威斯爾特認為：一個人如果能在思想不緊張的狀態下工作，

就能發揮他應有的能力。欲使下屬進入這樣一種精神狀態，領導者必須胸懷寬廣地為下屬創造一個寬鬆的環境。

怎樣才算胸懷寬廣？一是「容異」，善納別人的不同意見，善待與自己意見不合的人；二是「容過」，對待犯錯誤的下屬絕不能「一棒子打死」；三是「容嫌」，就是對那些與自己曾有過節的人不報復、不打擊，寬容大度地對待他們。

領導者只有胸懷寬廣，才能招來人才歸服。無數事實已證明，領導者胸懷寬廣與否，直接決定了其威信的高低，乃至事業的成敗。所以人們經常這樣說，大氣魄、大領導、大事業，誰願意跟一個小家子氣的領導者混呢？可見領導者的氣量是何等重要。

不妨當個小鬼推推磨

古往今來，無論做什麼事情，只要是左右逢源的領導者，都是既懂得運用陰謀，又是擅長運用陽謀的人，陰陽共濟，方能成功管理下屬。

古時候，有三個讀書人，進京去趕考，但他們都沒把握，不知道誰會中舉。在半路上，他們來到一座廟裡，請一位老和尚給他們測測前程。空虛老和尚仔細打量了他們半天後，就瞇著眼，用手指掐算了一番，然後對他們伸出一個指頭來，說道：「這就是你們趕考的結果。」

三個讀書人走了之後，旁邊的小和尚十分納悶，問道：「師傅，您伸出一個指頭是什麼意思，難道是說他們三人裡一人得中嗎？萬一結果不是這樣怎麼

辦？」

老和尚哈哈大笑，說道：「放心吧，一切都在我的掌握之中。」

過了一段時間，三位秀才考完回家，路過廟宇，給老和尚送了許多厚禮並讚揚老和尚是神機妙算，而老和尚只是哈哈大笑，並不詢問他們考試的結果。

小和尚不解，央求老和尚給予解釋。只聽他的師傅說：「我這一個指頭，就把他們三人考試的所有情況都包括進來了，用不著知道結果。你看，如果他們三人中有一個得中，我測對了；如果他們三人中有兩人得中，有一人不中，我也測對了，如果他們三人全都考中了，我也測對了——因為一個指頭就是一起得中的意思，反之，則是一個都考不中的意思。」

在生活中，領導者也會經常遇到許多需要自己做出選擇、判斷的事情，卻又不能拿得準，這時請不要把話說死、把話說絕，不妨學學老和尚這一招。

在各種活動中，常常遇到情況不明而又難以應對的情況，更不好輕易下結論，給予答覆，這時不妨當當小鬼推推磨。

當下屬提出某件事情要求處理時，領導者對這件事情一無所知，情況不明，難以做出正確的判斷和處理，在這種情況下，不能簡單地給予肯定或否定的回

答。這時就可以說：「讓我瞭解一下情況再答覆你。」

領導者當遇到屬於自己下屬職權範圍內的事情時，如果下屬能夠自行處理的，領導者不要越俎代庖，取而代之，而應「推」給下屬。對下屬沒有掌控或感到無力處理的事情，領導者也應給予處理，可先讓下屬出一個處理意見，在此基礎上，對其進行指導和糾正。

這樣，既可以發揮下屬的主觀能動作用，又可以鍛鍊下屬解決實際問題的能力，因而達到培養和提高下屬的目的。

運用「推」的藝術要根據實際狀況，靈活客觀地採取適當的方法。領導者對推行意圖過程中的問題不太瞭解，不熟悉，或是所遇到的問題非常尖銳，或是在討論會上一時無法達成一致的意見等諸如此類的問題，可以先擱置起來，放一段時間，等到有了一致認知的理念，再拿出來處理。

領導者在實際工作中，首先要看事實，視事而定。一定要分清事情的輕重緩急，對急需處理的問題，不可隨便硬推，推了不僅要誤事，還會影響自己與當事人之間的關係。他去找別的領導者，別人會認為此領導者在推卸責任。因此，該自己辦的事，不要推給別人，不應拖延時間。

「推」還要看對象，因人制宜。有些問題的處理，還要因人而異，要考慮到當事人的個性，看其接受程度如何，「推」能不能得到預期效果。如果當事人接受不了，則容易產生反抗心理或誤解，加深衝突，甚至會引發新的問題。例如魯莽的人，自我控制能力比較差，此時推了會使矛盾加劇，甚至產生難以想像的不良後果。

「推」不是放手不管，一推了之，而是要密切注意觀察其發展變化情況，掌控好火候，適時進行處理，以期達到適時適度、恰到好處、妥善解決問題的目的。

道歉的方式可以直接也可以間接

其實，道歉並非示弱，而是顯示了你的真誠和勇氣。人際關係是生活中最難處理的，人都免不了有出錯的時候，一旦錯了，就得道歉，只有這樣才能避免更大的損失。

一個人能主動承認錯誤，不僅是一種勇氣，更是一種能說會道的策略。這不僅有助於解決相關的衝突矛盾，也能得到一定的滿足感。

小雯借朋友的衣服穿，卻不小心因為疏忽把衣服刮破了。小雯覺得很抱歉，就在還衣服的時候，很誠懇地對朋友說：「對不起，我不小心弄破了你的衣服，這是一個裁縫的電話，我已經聯絡過他了，他說可以補得像原來沒破時一樣。」

這種正面的直接道歉是最好，也是最佳的方式。假如小雯在還衣服的時候只是說：「衣服破了，我賠錢給你吧！」對方肯定會婉言謝絕，而且心裡絕對會不舒服，覺得小雯的「道歉」只是形式上的，不夠真誠，他們之間自然會產生隔閡。

當然，道歉除了直接的方式，也有間接的方法。

小偉在朋友的生日宴會上喝多了，將女主人最喜歡的一個花瓶失手打碎了，以小偉的經濟實力根本賠不起這個花瓶。

為了表示自己的歉意，小偉挑選了一張精緻的卡片，寫上自己的歉意：我知道我的行為給你們造成了困擾，也知道自己的行為是無法原諒的，請相信我絕對不是故意的。

如果當時我沒有喝醉，也就不會發生那種事情了，所以請接受我最真摯的歉意。

小偉將卡片親手交到朋友手裡，並帶了一瓶朋友最喜歡的酒，不是為了表示賠償那個花瓶，而是為了表示真誠的歉意。

小偉的這種道歉方式很藝術，你也可以不直接說出「對不起」，而是像小偉這樣用一張卡片或一份小禮物等，表示歉意。

當你犯了錯並給別人造成困擾時，最重要的是不要迴避，而是要勇於承認自己的錯誤，開口說聲「抱歉」，用真誠的歉意化解矛盾，解決問題。

八面玲瓏不夠用：真要懂的人際交往心理學（讀品讀者回函卡）

■ 謝謝您購買這本書，請詳細填寫本卡各欄後寄回，我們每月將抽選一百名回函讀者寄出精美禮物，並享有生日當月購書優惠！
想知道更多更即時的消息，請搜尋"永續圖書粉絲團"

■ 您也可以使用傳真或是掃描圖檔寄回公司信箱，謝謝。
傳真電話：（02）8647-3660　　信箱：yungjiuh@ms45.hinet.net

◆ 姓名：________________　□男　□女　　□單身　□已婚

◆ 生日：________________　□非會員　　□已是會員

◆ **E-mail**：________________　電話：(　)________

◆ 地址：________________________________

◆ 學歷：□高中以下　□專科或大學　□研究所以上　□其他________

◆ 職業：□學生　□資訊　□製造　□行銷　□服務　□金融
□傳播　□公教　□軍警　□自由　□家管　□其他________

◆ 閱讀嗜好：□兩性　□心理　□勵志　□傳記　□文學　□健康
□財經　□企管　□行銷　□休閒　□小說　□其他

◆ 您平均一年購書：□ 5本以下　□ 6～10本　□ 11～20本
□21～30本以下　□ 30本以上

◆ 購買此書的金額：____________

◆ 購自：□連鎖書店　□一般書局　□量販店　□超商　□書展
□郵購　□網路訂購　□其他

◆ 您購買此書的原因：□書名　□作者　□內容　□封面
□版面設計　□其他

◆ 建議改進：□內容　□封面　□版面設計　□其他________

您的建議：

剪下後傳真、掃描或寄回至「22103新北市汐止區大同路三段194號9樓之1讀品文化收」

廣告回信
基隆郵局登記證
基隆廣字第 55 號

2 2 1-0 3

新北市汐止區大同路三段 194 號 9 樓之 1

讀品文化事業有限公司　收

電話/(02)8647-3663　　傳真/(02)8647-3660
劃撥帳號/18669219　　永續圖書有限公司

請沿此虛線對折免貼郵票或以傳真、掃描方式寄回本公司，謝謝！

讀好書品嚐人生的美味

八面玲瓏不夠用：真要懂的人際交往心理學